WILFRIED SCHMICKLER

SCHMICKLER GEHÖRT ZU DEUTSCHLAND

EINE INVENTUR

Haltet die Schnauze, da oben!
Man hört die Pantomime nicht mehr!

Jacques Prévert

INHALT

DAS LETZTE

Es drückten ihn die Sorgen schwer,
er suchte neues Land im Meer.

Kälter wird es nicht

Es fällt der Schöpfung ein Zacken aus der Krone.
Der Aufprall hart, es splittert das Kristall.
Am Horizont schwebt eine unbemannte Drohne.
Sie hat die Augen und die Ohren überall.

Ein letzter Mensch läuft an der langen Leine.
Auf seinem Rücken klebt ein Etikett.
Er ist gut drauf, und Befehle braucht er keine.
Er braucht nur hin und wieder ein Komplett-Reset.

Der Typ ist pflegeleicht und ausgesprochen billig.
Die Server füttern ihn mit lecker Bohnenstroh.
Was in ihm vorgeht, transferiert er ganz freiwillig,
und ganz alleine ist er nirgends nirgendwo.

Selbst in der Nacht in seinen allerkühnsten Träumen
gibt's einen Treiber, der die Träume treibt.
Ein weißes Rauschen in den animierten Räumen,
das ist das Letzte, was von ihm am Ende bleibt.

Ein letztes Gebet im letzten Hemd.
Ein letzter Schrei im letzten Moment.
Der letzte Reim im letzten Gedicht:
Komm, mach den Scheiß noch mal richtig heiß!

Denn kälter, kälter wird es nicht.
Nein, kälter wird es nicht.

Das spielt für ihn auch wirklich keine Geige.
Der letzte Mensch trägt Thermo-Moltopren.
Die Rohypnole gehen grad zur Neige,
drum sieht man ihn nachts in der Küche steh'n.

Da schlürft er Sanostol aus seinem Dampfer,
dreht zwei, drei Ründchen um den Küchentisch.
Zum Abendbrot gab's Instant-Sauerampfer
mit selber ausgepacktem Tütenfisch.

Dazu ein Tröpfchen von dem guten Kot dü Roten
aus der Region um Bordoläse-Sangscherack.
Er trinkt ein Fläschchen auf die andren Vollidioten
und geht sich dabei selber auf den Sack.

Das letzte Exemplar der Herrenrassen
sieht irgendwie sehr überflüssig aus.
Sein ganzes Kamarama nicht zu fassen,
denn wo es reingeht, da geht's auch wieder raus.

Das letzte Gebet im letzten Hemd.
Der letzte Schrei im letzten Moment.
Der letzte Stau im letzten Verkehr:
Komm, mach den Scheiß noch mal richtig heiß!

Denn wie es war, so wird es niemals mehr.
Nein, so wie es war, so wird es niemals mehr.

Tja, meine Damen und Herren, oder wie man heutzutage sagt, liebe Friends and Followers, so sieht es aus: Nichts bleibt, wie es ist. Nichts ist, wie es war. Und alles, was ist, ist in dem Moment, wo es ist, schon gar nicht mehr wahr. Was wir gerade erleben, ist eine nie da gewesene Beschleunigung der Welt. Der Mensch von heute lebt nicht mehr, er hechelt. Und zwar hinterher.

Alles, woran sich der suchende Mensch bis gestern noch festklammern konnte: die Zehn Gebote, die sieben Weltwunder, die drei öffentlich-rechtlichen Fernsehprogramme, die Bauernregeln, die Otto-Kataloge, die Bäckerblumen, das Dreikönigstreffen der Liberalen, das Godesberger Programm, das Kommunistische Manifest. Alles mitgerissen von gewaltigen Datenströmen, Informationstsunamis, Pixelausbrüchen.

Es ist noch gar nicht so lange her, da traf sich das Sinn suchende Individuum hin und wieder mal mit anderen Sinn suchenden Individuen zum entspannten Palaver über die großen Fragen des real kollabierenden Kapitalismus:

„Braucht es für eine revolutionäre Basis im reaktionären Überbau einen methodischen Neubau im Aufbau oder reicht ein gewöhnlicher Anbau im Altbau?"

„Gibt es einen aufrechten Gang durch die Institutionen und was bedeutet die Dialektik von Sitzfleisch und Zahnfleisch für den langen Marsch auf allen vieren?"

„Wenn die Befreiung der Arbeiter nur das Werk der Arbeiter selbst sein kann, warum gehen wir dann nicht einfach ins Freibad?"

Debatten im elitären Wolkenkuckucksheim! Erinnert sich noch jemand?

„Über den Wolken muss die Freiheit wohl grenzenlos sein. Alle Ängste, alle Sorgen, sagt man, blieben darunter verborgen."

Von wegen. Nichts bleibt mehr verborgen. Die Wolken heißen jetzt Clouds und grenzenlos sind nur die Möglichkeiten, alle Ängste, alle Sorgen in diesen Clouds zu erfassen und auf Vorrat zu speichern.

Allein wie eine Mutterseele strudelt der Mensch im Cyberspace und um ihn herum die leckersten Menüs: unter ihm eine digitale Bratwurst mit Kartoffelsalat, über ihm eine dreidimensional animierte Zweipersonenpizza und er das weitsichtige Fettauge des Avatar in einer synthetisierten Rinderkraftbrühe. Stimulation durch Simulation!

Wenn Sie sich früher so richtig stimulieren lassen wollten, dann war das in der Regel mit sehr viel Aufwand verbunden. Wenn Sie mal was richtig Neues machen wollten, mal eine ganz andere Welt kennenlernen, Phantasialand oder Euro-Disney, ja dann mussten Sie schon nach Brühl oder Paris, und schon ging der Stress los. Da standen Sie stundenlang im Stau, der Kühler kocht, der Köter kotzt auf den Rücksitz – vorbei!

Ich kenne Leute, die gehen gar nicht mehr vor die Tür, sondern hocken nur noch vor dem Computer und machen irgendwelche Rollenspiele, in denen sie vorgeben, jemand zu sein, der sie sein wollen, aber gar nicht sind, in einer Welt, die es eigentlich gar nicht gibt, in der sie dann tun, was sie tun würden, wenn sie der wären, der sie vorgeben zu sein. Und während diese Leute ihren Geist in der Scheinwelt aufgeben, verdienen sich andere daran dumm und dämlich.

Hört sich irgendwie krank an und – wenn wir der Drogenbeauftragten der Bundesregierung glauben – ist es das auch. Und deshalb will die Bundesregierung jetzt auch vorbeugende Maßnahmen ergreifen und die Menschen, vor allem die jungen, über die Gefahren und Folgen der Internetsucht informieren und ihnen entsprechende Hilfen anbieten. Und jetzt dürfen Sie dreimal raten, wo Sie diese Informationen finden. Genau, im Internet. Super. Der Alkoholiker geht zur Beratung in die Kneipe und der Wirt macht den Therapeuten.

Übrigens: Kennen Sie eigentlich die Schwester von Big Brother? Bei Big Brother denken die meisten Menschen ja gleich an dieses Camp, in dem Menschen gezwungen werden, verschimmeltes Schweinemett vom Fußboden zu fressen.

Ach nee, das war nicht das Dschungelcamp, das war diese Polizeiwache in Hannover. Aber das meine ich gar nicht. Ich meine den Big Brother von George Orwell. Die Älteren unter Ihnen werden sich erinnern: Big Brother is watching you!

Und dieser unangenehme Bruder, der hat eine Schwester. Big Sister! Die feiert in diesem Jahr ihren 56sten Geburtstag, sieht nach wie vor aus wie eine Zwanzigjährige und heißt Barbara Millicent Roberts. Sie kommt – wie die meisten direkten Verwandten des Großen Bruders – aus Amerika und ist eine berufstätige Frau ohne Ehemann und Kinder, aber mit mehreren Doktorhütchen und einer Pilotenlizenz. Und wenn Sie jetzt immer noch nicht wissen, wer Barbara Millicent Roberts ist, dann verrate ich Ihnen ihren Kosenamen: Barbie!

Genau, die süße, kleine, doofe blonde Modepuppe mit dem Kleiderschrank, der größer ist als jede Spielwarenabteilung.

Die hat jetzt einen Preis gekriegt, die Barbie. Den Big Brother Award. Der wird alljährlich von einer Jury aus Datenschützern verliehen an Institutionen, Firmen oder Einzelpersonen, die sich besonders verdient gemacht haben um die datenmäßige Totalerfassung des modernen Menschen. Und da mischt die Barbie inzwischen ganz weit vorne mit. Die kann sich nämlich seit Neuestem mit den Kindern unterhalten. Und was die Kinder ihr so erzählen, das schickt sie direkt in eine Wolke am großen Datenhimmel, wo es im großen Datenvorrat gespeichert und meistbietend verhökert wird an Spielzeughersteller, Krankenkassen oder Scheidungsanwälte. Barbie als Big Sister in der Puppenstube. Wenn das die Käthe Kruse wüsste.

Fragt die Barbie die Solveig: „Wie wäre es denn mal mit einem neuen trendy Handy?"

Sagt die Solveig: „Au ja, voll krass: ein neues trendy Handy."

Und im gleichen Moment kriegen die Eltern von Solveig ein Supersonderangebot für das nagelneue Fünf-Zoll-LTE-Smartphone Hisense Sero 5 L691. Das Ding kommt zwar erst in drei Monaten auf den Markt, ist aber jetzt schon ein Relikt aus der Kommunikationssteinzeit.

Das ist ja das Einzigartige an diesem Mediamarkt. Da sind die Werbeprospekte für die aktuellsten Neuheiten auf der Produktpalette noch gar nicht gedruckt, schon drängt die nächste Generation aus den Entwicklungslaboren. Und Sie als Endgerät-Consumer liefern sich als analoger Hase ein schier aussichtsloses Rennen mit dem digitalen Igel. Da gehen Sie doch besser erst gar nicht an den Start. Und außerdem: Diesen ganzen smarten High-tech-Quatsch braucht doch in Wahrheit kein Mensch. Ich für meinen Teil kann sehr gut verzichten auf ein univer-selles Konzept zur totalen Vernetzung meiner Wohnung mit schaltbaren Chip-Lüsterklemmen, die am Ende eine Interaktion aller Haushaltsgeräte ermöglichen.

Ich möchte einfach nicht, dass mein Wasserkocher ein Verhältnis mit dem Kronleuchter im Wohnzimmer hat.

Aber, auch wenn es so innovationsfeindlichen Steinzeit-Nostalgikern wie mir nicht passt: Die Welt der Bits und Bytes hat auch ihre positiven Seiten. Genau: Online-Shopping. Millionen Menschen sitzen in jeder freien Minute zuhause vor dem Computer und bestellen. Vor allem Klamotten. Und wenn sie die dann bekommen haben, schicken sie die gleich wieder zurück. Also nicht gleich, vorher ziehen sie die Hemdchen und Kleidchen natürlich einmal an.

Es gibt in den Zentralen der großen Kleiderversandhäu-ser ganze Abteilungen, in denen schlecht bezahlte Mit-arbeiterinnen die getragene und dementsprechend ver-schmutzte Umtauschware aussortieren. Da bestellt sich so ein cleverer Kunde eine Unterhose, trägt die einen Tag lang und statt in die Waschmaschine steckt er sie dann mit der anderen Schmutzwäsche in das Retourpa-ket. So spart man nicht nur die Energiekosten für den Waschvorgang, sondern rein theoretisch wäre es sogar möglich, sich jeden Tag von Kopf bis Fuß neu einzu-kleiden, ohne am Ende auch nur einen Cent dafür zu bezahlen.

Das ist natürlich eine tolle Sache. Wenn da nicht die Kleintransporter wären, die beim Shipping von all dem Shopping in der zweiten Reihe dafür sorgen, dass in den ohnehin verstopften Innenstädten überhaupt nichts mehr geht, sondern steht.

Es soll ja Pläne geben, den ganzen Versandhandel in die Kanalisation zu verlegen. In Zukunft brettern die Lieferanten mit Schutzanzug und Gasmaske in eigens konstruierten Amphibien-Transportern durch die Abwasserrohre und an jedem Gullydeckel wird angehalten und ausgeliefert. Dann stinken die gelieferten Unterhosen zwar nach Fäkalien, aber das tun sie nach dem Umtausch ja sowieso. Oder man bildet Menschenketten aus Langzeitarbeitslosen von den Warenlagern direkt zu den Kunden. Wie beim Sandsacktransport während der großen Flutkatastrophen. Und zwar in Doppelreihen. Die eine für die Auslieferung, die andere für die Umtauschware. Da stünden die Langzeitarbeitslosen zwar immer noch auf der Straße, aber immerhin würden sie etwas Sinnvolles tun. Indem sie dafür sorgen, dass die bestellte Ware auch pünktlich beim Besteller ankommt.

Und weil der nicht mehr rausmuss zum Einkaufen, hat er Zeit, sich politisch zu engagieren, indem er Aktivitäten entfaltet, sogenannte Netzaktivitäten. Das heißt, der engagierte User ist ständig auf der Suche nach aktuellen Meldungen, zu denen er dann augenblicklich seinen höchstpersönlichen Kommentar absondert. Oder er geht noch einen Schritt weiter und verfasst eine Online-Petition. Wie zum Beispiel die Petition „Raus mit Markus Lanz aus meinem Rundfunkbeitrag".

Ich habe daraufhin mal die Seite im Internet aufgerufen, auf der all diese Petitionen veröffentlicht werden. Und ich war echt von den Socken, wer da alles für und vor allem gegen was petitiert.

„Gegen die Windräder rund um Wildenberg und in der Maischieder Bucht!"

„Für den Erhalt der Toilettenanlagen am Kurpark in Albershof!"

„Kein Ponykarussell mehr beim Landauer Markt!"

Sagenhaft. Ich wusste irgendwann gar nicht mehr, wo ich zuerst unterschreiben sollte.

Aber damit wir uns richtig verstehen: Ich habe nichts gegen die engagierten Verfasser all dieser mutigen Petitionen. Die meinen es wirklich ernst, und vor allem verstehen die auch gar keinen Spaß. Ein böses Wort zu viel, und schon bricht er los: der Shitstorm. Da sitzen die Angehörigen der Internetgemeinde zuhause vor ihrem digitalen Altar und lassen mal so richtig die verbale Drecksau raus. Natürlich anonym und mit so lustigen Absendern versehen wie „rectal88" oder „Dickdarm k.o.". Es gibt unter der untersten Schublade nämlich noch einen digitalen Raum, in dem sich die zu Wort melden, die alles verloren haben: die Hemmungen, den Anstand und den Respekt.

„Schmickler, du fette Drecksau. Wenn ich dich sabbernden Kotzbeutel das nächste Mal auf der Straße treffe, stopf ich dir deine Wixfresse mit Schweinescheiße und häng dich mit den Eiern an die nächste Straßenlaterne.

Mit freundlichem Gruß Popey 2 Punkt Doppel-Null."

Aus dem Tagebuch
eines Gratwanderers I

In der letzten Zeit immer häufiger das Gefühl von zunehmender Verwirrung im Kopf. Gedankenlücken. Erinnerungssprünge. Gestern einfach mal die Probe aufs Exempel gemacht. Online in den Spiegel geguckt und sechs Schlagzeilen laut gelesen:

„Börsianer aus dem Häuschen – Dax im Höhenflug",

„Flüchtlingsboot sinkt – 700 Tote",

„Sensation am Amazonas – beispiellose Vielfalt an Darmbakterien entdeckt",

„2015 sind Brillen aus Holz und Schiefer angesagt",

„Kurden schwärmen: ‚Das G36 ist super'",

„Brandanschlag auf Asylantenheim: Steinmeier fürchtet um das Ansehen von Deutschland".

Anschließend Seite geschlossen und versucht, das Gelesene handschriftlich wiederzugeben. Niederschmetterndes Ergebnis:

„Darmbakterien aus dem Häuschen – Flüchtlingsboot am Amazonas entdeckt",

„Ansehen von Deutschland sinkt – G36 aus Holz und Schiefer",

„Sensation im Asylantenheim – 700 Tote, Steinmeier im Höhenflug",

„2015 ist Brandanschlag auf Kurden angesagt",

„Super Dax – Börsianer schwärmen von beispielloser Vielfalt".

Erst einmal durchatmen. Konzentrieren! 30 Minuten später: erneuter Versuch der Rekapitulation des Gelesenen. Desaster!

„Beispiellose Vielfalt im Flüchtlingsboot",

„Steinmeier schwärmt von Asylantenhäuschen aus Holz und Schiefer",

„Brandanschlag auf Börsianer am Amazonas",

„2015 Brillen im Kurdendarm",

„G36 im Höhenflug auf Bakterienheim",

„Sensation im Dax – 700 Super-Tote ohne Ansehen für Deutschland entdeckt".

Anschließend beschlossen, in Zukunft Tagebuch zu führen. Ordnung schaffen. Wider das Vergessen. Gleich heute Morgen erste Versuche. Fehlgeschlagen. Keine merkenswerten Vorgänge. Einfach zu früh. Der Wurm will gefangen sein, bevor er der Rede wert ist.

Tagebuch konsequenterweise vorläufig beiseitegelegt und erst einmal lange geplanten Ausflug in ein Vorstadtmöbelparadies unternommen. Grund: fehlende Sitzgelegenheiten. Im Paradies dann mehrere Bekanntschaften gemacht: Frode – zu unbequem. Esbjörn – zu hässlich. Nisse – zu teuer. Vilmar – vergriffen. Am Ende trotzdem an der Kasse gestanden. Unter dem linken Arm ein schreiend gelber Spannbettbezug, unter dem rechten Arm ein Riesensack mit Teeleuchten. Keine Erinnerung an bewusste Kaufentscheidung. Mit Spannbettbezügen kann ich die Straße pflastern und ich hasse Teeleuchten. Irgendjemand muss mir das Zeug untergejubelt haben.

Auf dem Heimweg im Auto WDR-5-Nachrichten. Seehofer unterstreicht: „Islam gehört nicht zu Deutschland!"

Zuhause dann gleich ans Tagebuch gesetzt, um so eine Art völkische Inventur zu machen. Für mich ganz persönlich. Das heißt, alles, was nicht zu Deutschland gehört, wird aussortiert und abgeschoben.

Erste Frage: Gehört Köttbullar zu Deutschland?

Köttbullar, jene swedissse Spezialität, die ausschließlich angeboten wird in der Parallelgesellschaft des Konsumtempels, in dem Frode, Esbjörn, Nisse und Vilmar darauf warten, die deutsche Wohnkultur zu unterwandern. Zehn Köttbullars – oder sagt man Köttbullare? – mit Püree, Preiselbeeren und Rahmsauce für 4 Euro 95 – damit dürfte das Köttbullar-Menü in Deutschland zum billigsten gehören, womit sich der hungernde Mensch den Magen vollstopfen kann.

Was aber ist der Köttbullar in Wahrheit? Was sind die substanziellen Grundlagen, die dieses allerletzte Glied in der Nahrungskette ausmachen? Schwein? Rind? Pferd? Elch? Die Wahrheit kennt kein Mensch, außer dem Propheten des globalen Köttbullarismus, Ingvar Feodor Kamprad aus Församling.

Dementsprechend sind die Menschen hierzulande gespalten in Köttbullarphile und Köttbullarphobe. Die einen behaupten, das Köttbullar-Menü sei die ideale Marschverpflegung für den langen Weg vom Bücherregal über die Kücheneinrichtung bis zur Dekoleuchte, für die anderen ist es ein massiver Angriff auf die deutsche Esskultur mit dem Ziel der schleichenden Köttbullarisierung der einheimischen Speisekarte. Nieder mit dem Köttbullar – rettet das deutsche Hackfleischbällchen! So schallt es immer lauter aus den Verteidigungsreihen der

Retter der kulinarischen Identität des deutsch mampfenden Abendbrotlandes.

Wo soll das alles enden? Und deshalb habe ich für mich persönlich beschlossen, dass der Köttbullar nicht zu Deutschland gehört. Basta. Und jetzt hole ich mir eine doppelte Currywurst mit Pommes und Mayo. Obwohl, gehören Mayo, Pommes und Curry eigentlich zu Deutschland? Ach, egal, ist doch eh Wurst.

Frischwurst

Und wo wir gerade bei Wurst sind – die sich übrigens quasi als blutwurstroter Faden durch dieses Buch zieht –, was macht Angela Merkel eigentlich an der Fleischtheke im Supermarkt? Nun, die Frau Merkel kauft ein. Manchmal frisch und manchmal abgepackt. Am liebsten mag Frau Merkel Emmentaler, im Winter kauft sie hin und wieder mal Entenbrust, und wenn es im Hause Merkel Linseneintopf gibt, dann nimmt sie dazu immer ein paar 1a-Schinkenknacker.

Das hat die Bild-Zeitung enthüllt. Exklusiv! Nach jenem Freitag im Februar, als der kleine Supermarkt plötzlich im Fokus der ganz großen Politik stand, denn – wie die Bild brühwurstwarm berichtete: „Da stand Frau Merkel mit dem chinesischen Ministerpräsidenten vor der Wursttheke, um ihm mal einen deutschen Supermarkt zu zeigen." Gekauft haben die hohen Besucher nichts, sie haben sich nur fotografieren lassen und dabei ein bisschen geplaudert.

Ich stell mir das so vor: Die Frau Merkel sagt so einen Satz wie: „Wir sollten die Flusskrebse, die aufgetischt sind, wirklich aufessen." Das ist so eine chinesische Redensart und bedeutet, dass man auch die schwierigen Themen wie Menschenrechte oder Hinrichtungen irgendwann mal auf den Tisch packen muss.

Daraufhin zeigt der chinesische Ministerpräsident auf die Schinkenknacker und antwortet mit dem urdeutschen Sprichwort: „Alles hat ein Ende, nur die Wurst hat zwei." Und dann sind sie wieder raus aus dem Lebensmittel- und zurück ins politische Geschäft, wo sie zahlreiche Verträge und Abkommen unterzeichnet haben, um – Zitat Merkel – „ein Zeichen zu setzen für die intensive Zusammenarbeit zwischen Deutschland und China, die sich im Laufe der Jahre intensiviert hat".

Die Frau Merkel weiß eben, dass es auf den globalen Märkten genauso zugeht wie im Supermarkt um die Ecke. Menschenrechte hin, Hinrichtungen her: Am Ende muss die Wurst verkauft werden. Und dann hat China für die Kanzlerin ja auch noch einen Riesenvorteil: Da muss sie wenigstens nicht mit Messer und Gabel essen. Und den Wählerinnen und Wählern ist das sowieso Wurst.

Was das allgemeine Interesse betrifft, kommt die Politik inzwischen noch weit hinter den Ergebnissen der Synchron-schwimmer-Kreisklasse. Freihandelsabkommen, Geheimdienstskandale, Waffenlieferungen in Krisengebiete – das geht nicht einmal mehr hier rein und da wieder raus, sondern direkt am Gesäß vorbei. Dementsprechend lag die Wahlbeteiligung bei der letzten Landtagswahl in Bremen gerade noch bei 50 Prozent. Und von denen haben Sex Komma Sex Prozent die FDP gewählt.

Hurra! Hurra! Die FDP ist wieder da! Und warum? Weil sie in Bremen so eine supergeile Spitzenkandidatin hatte. Lencke Steiner. Lencke ist der Vorname, wie Bremse oder Blinke, die ist 29 Jahre alt und Geschäftsführerin in der Kunststoff GmbH von ihrem Papi.

Die machen Flachbeutel und Schrumpfschläuche. Da haben die von der Bremer FDP wahrscheinlich gedacht: „Genau die Richtige für uns." Hat aber funktioniert. Die Wiederauferstehung der FDP unter der Führung einer Brumme, die aussieht, als habe sie gestern noch auf dem Schulhof in der Klugscheißer-Ecke ein Selfie von sich und der Regenrinne gemacht.

Aber so ist das heutzutage im politischen Geschäft. Wenn Sie da früher Karriere machen wollten, dann mussten Sie erst einmal auf die Ochsentour. Ortsverein, Bezirksverein, Kreisverein, Landesverein und wenn Sie dann endlich im Bundesverein gelandet sind, dann hatten Sie Hornhaut auf dem Zahnfleisch und einige Jahrzehnte auf dem gebuckelten Buckel. Heute reicht es, wenn Sie 29 sind. Da ist die Tinte auf dem Beitrittsformular noch gar nicht getrocknet, da sind Sie schon stellvertretender wirtschaftspolitischer Sprecher Ihrer Partei. Wenn ich die Jüngelchen und Mägdelein sehe, dann denke ich immer: Aus welcher Krabbelgruppe sind die denn entsprungen? Aber Hauptsache jung, Hauptsache dynamisch, Hauptsache Nachwuchs.

Wo das mit der Verjüngung super geklappt hat, das ist bei den Gewerkschaften. Ich zitiere die Slogans der zehn Themenplakate des DGB zum diesjährigen Ersten Mai:

„Bonjour Bildung!" – „Ahoi Mitbestimmung!",
„Bye-bye Burn-out!" – „Tschö Familienfeindlichkeit!",
„Adios Lohndumping!" – „Adieu Diktatur der Bosse!",
„Fuck off Rassismus!" – „Buenos Dias Wochenende!",
„Hallo Feierabend!" – „Moin Moin Mindestlohn!".

Ja, das hat Schwung, das klingt jung, das ist dynamisch und vorwärtsgewandt. Was waren das früher für verkniffene Parolen und immer nur dagegen: Gegen-Öffentlichkeit. Gegen-Offensive. Gegen-Entwürfe. Alles immer nur weg! Weg mit! Schluss mit! Nieder mit! Kermit! Kermit – Froschperspektive! So klein, aber so ein Maul.

Da wurde es aber so was von allerhöchste Zeit, dass mal eine moderne Marketingstrategie mit frischem Wind den verstaubten Politmief der Vergangenheit hinwegfegte. „Buenos Dias Wochenende" – Ja, da ist Musik drin! Da denken die Älteren von uns doch gleich an Udo Jürgens und seinen Megahit „Buenos Dias, Argentina" für die Fußball-WM 1978.

„Buenos Dias, ihr Gitarren – wenn der Abend niedersinkt, sollt ihr leise mir erzählen, wie das Lied der Pampa klingt."

Das ist proletarischer Internationalismus auf ganz neuem Niveau. „Bonjour, bye-bye, adieu" – da werden Grenzen gesprengt, da schunkelt die Arbeiterklasse Europas im Dreivierteltakt und schmettert die neuen Smash-Hits von der modernen Social Partnership.

Nun gut, ob die Spanier jetzt das „Adios Lohndumping" mit der gleichen Begeisterung intonieren wie ihre deutschen Kollegen, das sei dahingestellt. Da heißt es doch eher: „Buenos Dias, Jugendarbeitslosigkeit". Oder wie die Italiener sagen würden: „Arrivederci, Rente".

Und auch das Griechische haben die Strategen des DGB bei den aktuellen Themenplakaten wohlweislich ausgeklammert. Was hätte man da auch texten sollen: „Kali mera Troika" oder „Kali Nichta Europa"? Und was fürs Griechische gilt, das gilt natürlich auch fürs Türkische:

„Hoz Geldiniz Zensur" ist genauso deprimierend wie „Merhaba Gottesstaat" oder „Güle güle Völkermord".

Schließlich geht es bei so einer modernen PR-Kampagne nicht um das Verbreiten von schlechter Laune, sondern um positive Vibrations, um Euphorie, um flächendeckende Begeisterung.

„Hallo Feierabend" – das ist so ein Slogan, bei dem die Fruchtzwerge fröhlich auf den Tischen tanzen, auch wenn der Feierabend erst nach drei Stunden unbezahlter Überstunden beginnt und die Feier dann stattfindet im Dauerstau auf einer maroden Kölner Autobahnbrücke.

Was mich so gar nicht anspricht, sind die Parolen „Ahoi Mitbestimmung" und „Moin Moin Mindestlohn". Und das jetzt nicht nur wegen der zahlreichen Ausnahmen und Schlupflöcher für lohnkostenscheue Platzhirsche im mitbestimmungsfeindlichen Arbeitgeberrudel, nein, mir sind die Slogans zu provinziell. Das ist mir einfach zu unterkühlt. Zu norddeutsch. Zu scholzig! Und wenn schon regionalistisch, dann bitte auch was für die kölsche Seele: „Leckens am Arsch, Zeitvertrag" oder „Dries mer jett, Altersarmut" oder „Maat et joot, Langzeitarbeitslose".

Was ich hingegen wirklich gelungen und tatsächlich innovativ finde, das ist: „Fuck off, Rassismus". Endlich mal eine Parole, die auch die jüngere Generation anspricht. Da hätte ich mir mehr von gewünscht. „Mach dich locker, Chancengleichheit" oder „Fick dich ins Knie, Spekulantentum" oder „Hello Ökostrom, piss off, Braunkohle".

Nee, halt, stopp! Da habe ich mich jetzt doch im Ton vergriffen. „Piss off, Braunkohle" geht gar nicht. Zumindest nicht in der Industriegewerkschaft Bergbau, Chemie und

Energie – Motto: „Mit uns kommt die neue Zeit". Hunderttausend Arbeitsplätze wollte der Gabriel nach Angaben der Gewerkschaft mit seiner Braunkohle-Abgabe vernichten. Hunderttausend! Wo sollen die denn alle hin? In den Windmühlenpark, wo sie dann bei Flaute ordentlich Wind machen? Pustekuchen! Und deshalb sprach der BCE-Vorsitzenden Vassiliadis angesichts der Gabriel-Pläne von einem sozialen Blackout ganzer Regionen. Parole: „Come back, Morgenthau".

Henry Morgenthau, das war der amerikanische Finanzminister, der nach dem Zweiten Weltkrieg ganz Deutschland in ein Agrarland verwandeln wollte. Wenn der Mann sich damals durchgesetzt hätte, sähe es heute in diesem Deutschland überall so aus wie in der tiefsten Eifel oder am niedersten Niederrhein. Ackerbau und Viehzucht statt Hightech und Maschinenbau. Dann stünden die Deutschen heute in Gummistiefeln auf dem Exportmarkt und im Angebot hätten sie Kartoffeln, Wirsing und Radieschen.

Und statt einer weltweit einsetzbaren Eingreiftruppe wie der Bundeswehr gäbe es wahrscheinlich einen erbärmlichen Haufen wilder Landsknechte bewaffnet mit Mistgabeln, Forken und Güllepumpen. Obwohl es damit wahrscheinlich weniger Probleme gäbe als mit den Panzern, die nicht rollen, den Hubschraubern, die nicht fliegen, und den Gewehren, die nur im Kalten Krieg funktionieren, weil sie sich bei Hitze verziehen.

Wie dem auch sei: Wenn die Pläne des Henry Morgenthau Wirklichkeit geworden wären, dann säßen die Deutschen heute nicht im Kasino der Global Player, sondern aussortiert auf ihrer Scholle und würden Schafskopf kloppen.

Von wegen Hüter der europäischen Stabilität, das Einzige, was es dann zu hüten gäbe, wären gemästete Herdenvieher, doofe Schafe und verfressene Schweine.

Also eigentlich gar kein so großer Unterschied! Aber genau diese Schreckensvision malte der Betriebsratsvorsitzende von Vattenfall in Berlin an die Braunkohlekraftwerkswand: der komplett verarmte deutsche Bauerntrampel-Staat als direkte Folge der Energiewende. Sigmar Gabriel als Dampframme des totalen Urban Gardenings und die SPD als Bauernpartei. Wenn wir jäten, Seit' an Seit'.

Und dagegen hat die Gewerkschaft demonstriert: „SOS Arbeitsplatz" – „Hello Braunkohle" – „Fuck off Ökostrom". Obwohl ich ja nicht glaube, dass sie damit bei der Mehrheit der jungen Generation einen Flower Pot gewinnen können.

Mag ja sein, dass viele junge Leute hierzulande mit Politik so viel an der Baseballkappe haben wie die Braunkohlebagger mit der Landschaftspflege, aber dass es ohne eine radikale Verminderung der CO_2-Emissionen keine Zukunft für diesen Planeten gibt, das hat sich inzwischen auch bis in die letzten virtuellen Versammlungsräume der jugendlichen Netzgemeinden rumgetwittert.

Und genau in diesen Räumen, da liegt es brach, das Potenzial für Deutschlands Zukunft. Da müssen wir ran! An die Jugend! Das gilt für die Gewerkschaften genauso wie für alle anderen staatstragenden Institutionen. Die katholische Kirche zum Beispiel: Da gab es früher ganz vorne die sogenannten Kinderbänke. Die waren jeden Sonntag rappelvoll. Da herrschte damals noch Anwesenheitspflicht und heute nur noch gähnende Leere.

Außer am Weißen Sonntag. Zur Erstkommunion. Weil, da wollen dann doch alle mitgehen. Da kamen in Köln in einigen Gemeinden die Eltern zu den zuständigen Pfarrhäusern, wo einige von ihnen zum ersten Mal erfuhren, dass die Sprösslinge nur dann zur Erstkommunion zugelassen werden, wenn sie auch getauft sind. Diese Eltern haben in ihrem Leben noch keine Kirche von innen gesehen, außer vielleicht in Rom, Verona oder Venedig während eines Regentags im letzten Italienurlaub. Die glauben nicht an den Allerhöchsten, kennen kein einziges Gebet und haben mit all dem spirituellen Tuten und lithurgischen Blasen der heiligen Mutter Kirche so viel am heidnischen Hut wie der Papst mit der Schwangerschaftsberatung.

Dementsprechend halten ihre Kinder die Passion für ein Computerspiel, den Tabernakel für eine Tintenfisch-Art und Jesus für einen angesagten Gangster-Rapper. Und trotzdem: Die Laura soll unbedingt mitgehen. „Die sehen doch so süß aus, die Mädchen in den weißen Kleidchen, und die Klara von nebenan geht auch mit, und dann ist die Laura am Ende neidisch auf die Klara wegen der Geschenke und überhaupt: Man soll die Feste feiern, wie sie fallen. Das mit der Taufe wird ja wohl irgendwie auf die Schnelle zu deichseln sein, vielleicht so eine Fünf-Minuten-Taufe am Tag vorher." Und was machen die Pastöre? Genau, sie machen das bigotte Spiel mit, weil sie froh sind, wenn überhaupt noch ein paar Kinderlein zu ihnen kommen. Da kriegt inzwischen jeder Besucher unter 30 eine Gratisflasche Messwein zur Begrüßung.

Die Einzigen, die von Verjüngung und Modernisierung so gar nichts wissen wollen, sind die deutschen Sozialdemokraten.

Sitzen zwei alte SPD-Funktionäre in ihrem Stammbaum auf einem Ast und sägen dran. Kommt ein Jungwähler vorbei und sagt: „He, Leute, ihr sägt an dem Ast, auf dem ihr sitzt." Sagt einer von den beiden: „Nein, wir sitzen auf dem Ast, an dem wir sägen." Sagt der Jungwähler: „Ihr werdet abstürzen, wenn ihr weitersägt." Sagt der andere Funktionär: „Das lass mal unsre Sorge sein."

Der Jungwähler geht weiter, der Ast bricht ab und die SPD-Funktionäre rauschen in die Tiefe. Irgendwann kommt der Jungwähler wieder vorbei, da sagt der eine Funktionär zum anderen: „Guck mal, da kommt er wieder, der kleine Hellseher."

Was sind die einst so stolzen Sozialdemokraten doch verkommen zu einem erbärmlichen Haufen kleinmütiger Jammerlappen, dessen Vorsitzender Gabriel die Bundestagswahl 2017 heute schon verloren gibt. Aber wahrscheinlich wird diese Wahl ohnehin abgesagt. Weil es bei einer Wahlbeteiligung unter 50 Prozent nur noch eine Mehrheit gibt. Die der Frustrierten und Verdrossenen, die am Wahltag zuhause bleiben und sich gegenseitig versichern, wie sinnlos die ganze Wählerei doch ist.

„Die da oben machen ja doch, was sie wollen! Die sind doch eh alle gleich. Uns fragt ja keiner.

Komm, Mutti, lass die Rollladen runter.

Dann mach mal alle Lichter aus.

Und was siehst du?

Genau schwarz. Rabenschwarz."

Der kleine Mann und seine kleine Frau

Wer tippt am Ende immer auf das falsche Hütchen?
Wer hat auf jeden Fall aufs lahmste Pferd gesetzt?
Wer hat nur Krims und doofen Krams im
Wundertütchen?
Wer kommt beim Schlussverkaufen stets zuallerletzt?

Wer kauft zehn Lose und kriegt fünfundzwanzig Nieten?
Wer hat am Telefon drei Dutzend Campingklos bestellt?
Wer kriegt als Wechselgeld nur schlecht gemachte Blüten?
Wer steht stets da, wo grade Dauerregen fällt?

Der kleine Mann und seine kleine Frau,
die sind arm dran, denn sie wissen genau:
Das kleine Reich in ihrem kleinen Haus,
so klein es ist, so klein sieht es auch aus.

Der Boden blitzblank. Die Tassen im Schrank.
Gehört längst der Bank.
Und ganz nach unten geht es am Geländer entlang.

Wer zahlt die Zinsen und die Zinseszinsen?
Wer ist der Prügelknabe der Nation?
Geht wieder mal ein Banker in die Binsen?
Na und? Der kleine Mann bezahlt das schon.

Der kleine Mann und seine Frau sind immer Beute,
Das ist der Kleinen Weltendauerlauf.
Das große Schicksal all der vielen kleinen Leute:
Sie zahlen immer zu und immer drauf.

Wie unser kleiner Mann und seine kleine Frau,
die sind arm dran, denn sie wissen ganz genau:
Da draußen in der ungerechten Welt
gibt es keinen, der zu kleinen Männern hält.
Er ist allein – mutterseelenallein. Sein Herz ist rein.
Soll niemand drin wohnen als Kleinmut allein.
Und dann schläft er ein.

Und er sieht im Traum zehntausend kleine Frau'n.
Zehntausend kleine Männer Seit' an Seit'.
Voll Zuversicht und voll mit Selbstvertrau'n
in ihre eigene Unentbehrlichkeit.
Das Volk sind wir! Das Volk ist groß!
Und um Viertel nach vier marschieren wir los.

Rache heißt es, Fahnen schwenkt es,
Lüge schreit es, Galgen denkt es.
Kleiner Mann hat große Wut.
Kleiner Frau kocht heißes Blut.
Und er geht auf Barrikaden
und sie zetert Hasstiraden.
Hand in Hand die Volksgenossen.
Ihre Reihen fest geschlossen.
Der Traum sind wir. Der Traum ist groß.
Volk steht auf und Sturm bricht los.

An die Kreuze genagelt die leblosen Leiber
der Rundfunk-Zwangsgebühren-Eintreiber
als ewiges Mahnmal für alle, die meinen,
wenn's irgendwo draufgeht, dann geht's auf die Kleinen.

Der Traum ist aus.
Sie geh'n nach Haus.
Und auf dem Heimweg zündet dann der kleine Mann
mit seiner kleinen Frau noch schnell ein Asylantenwohn-
heim an.

Dann kehren beide in ihr kleines Heim zurück.
In dieses kleine Reich in ihrem kleinen Haus.
Die kleine Frau sieht aus, als platze sie vor Glück.
Der kleine Mann holt die Spumanti-Flasche raus.

Im Hintergrund die Feuerwehrsirenen.
Im Vordergrund fließt Schaumwein in ein Glas.
Die kleinen Leute, sie gehören halt zu denen,
die brauchen auch ihr kleines bisschen Spaß.

Der kleine Mann trinkt.
Die kleine Frau singt:
Du bist zwar klein und nichts ist dein,
sollst nimmer unzufrieden sein,
denn weiter unten ist immer noch einer,
der ist noch kleiner.
Der ist nicht so wie du
und gehört nicht dazu.

„Sagen Sie mal, fanden Sie das jetzt irgendwie lustig? Ich dachte immer, Sie wären der Anwalt der kleinen Leute. Gerade Sie sollten doch Verständnis haben für die Sorgen dieser Menschen. Wenn die heute in der Zeitung lesen, dass morgen in ihrer Nachbarschaft ein Flüchtlingsheim gebaut werden soll, dann wissen die: Das Ende ist nah! Weil dieses Heim schon überfüllt sein wird, bevor der erste Flüchtling eingezogen ist. Und dann wird das bis dahin so friedliche Leben zur Hölle. Die Vorgärten vollgemüllt, die Gartenzwerge geschändet und die hart erarbeitete Immobilie ist wegen der neuen Nachbarn aus den Armenhäusern dieser Welt auch nur noch weniger als die Hälfte wert.

Ich bin kein Rechtsradikaler und ich habe auch nichts gegen Ausländer, aber der Krach, der Gestank, die Kinder, das Geschrei, die Musik, der Abfall, die Belästigungen, das Kommen, das Gehen, das Kindergeld, die Drogen, der Alkohol, die Streitereien, die Beschimpfungen und, und, und – und bei allem Verständnis, aber so geht das eben nicht. Wir sind doch nicht die Menschenmüllhalde der ganzen Welt. Selig sind die Barmherzigen, aber gegen eine ungestörte Nachtruhe ist auch nichts einzuwenden. Da müssen Sie doch Verständnis für haben!"

Muss ich eben nicht. Weil ich nämlich gar nichts muss, aber alles darf. Sie erinnern sich an den 7. Januar dieses Jahres, den Anschlag auf die Redaktion von Charlie Hebdo? Vom Herausgeber der Bild-Zeitung über die humorpolitischen Sprecher aller Parteien bis hin zum Bundespräsidenten waren sich am Tag danach alle einig: Die Satire darf alles, weil sie eben alles dürfen muss.

Schließlich geht es um die Meinungsfreiheit. Und diese Freiheit ist grenzenlos.

Sind Sie der Meinung, alle Politiker sind korrupte Verbrecher und verlogene Volksverräter? Na dann, seien Sie so frei: Ran an die Jauchepumpen und Gülle marsch! Und dann treiben Sie das ganze Pack mit Scheiße besudelt als komische Schießbudenfiguren durch die Internetplattformen und sozialen Netzwerke.

Oder sind Sie der Meinung, dass der Holocaust endgültig verjährt ist und gerade die Deutschen ihre Zurückhaltung gegenüber Israel endlich aufgeben sollten? Was zögern Sie noch? Setzen Sie sich eine Papp-Hakennase ins Gesicht, spannen Sie Stacheldraht auf die Gitarre und dann, schrapp, schrapp, ein lustiges Lied über die jüdische Weltverschwörung, in dem sich „Itzig" auf „witzig" reimt.

Oder sind Sie der Meinung, der Islam sei der neue Faschismus und der Koran nur eine Wichsvorlage für menschenverachtende Gotteskrieger? Tun Sie sich keinen falschen Zwang an! Nehmen Sie einen Bleistift und rammen Sie ihn ungespitzt mitten hinein ins Herz des Propheten. Und dann erklären Sie das Ganze zur satirischen Skulptur und stellen diese als Schräge-Vögel-Scheuche vor die nächste Moschee in Ihrer Nachbarschaft.

Respekt ist was für Schwanz-Einkneifer, Geschmack kennt keine Grenzen und die Gürtellinie ist nur eine Erfindung der impotenten Saubermänner und ihrer frustrierten Betschwestern.

Eine Schlampe ist eine Schlampe. Ein Neger ist ein Neger. Und eine Schwuchtel ist eine Schwuchtel.

Applaus! Applaus! Die Sau muss raus!

Alle Dresdener sind Pegida. Alle Pegidas sind Nazis. Alle Nazis sind Schweine. Ganz Dresden ist ein riesiger Schweinestall.

Das geht Ihnen jetzt doch zu weit? Sagen Sie nicht, Sie wollten hier irgendwelchen Druck ausüben und mich und meine Meinungsäußerung zensieren. Diese Zeiten sind seit dem Massaker von Paris endgültig vorbei. Was wir gerade erleben, ist ein gesamtgesellschaftlicher Klimawandel. Ich erinnere an die große Kundgebung in Paris am Sonntag nach dem Anschlag: In der ersten Reihe Charlie Hollande Arm in Arm mit Charlie Merkel, Charlie Netanjahu und Charlie Abbas sowie zahlreichen anderen Staats- und Regierungs-Charlies dieser Welt. Und alle sangen die Marseillaise: „Zu den Waffen, Bürger, formt eure Truppen." Aber dabei schwenkten sie keine Gewehre und Granaten, sondern Bunt- und Bleistifte. Die Gewehre und Granaten waren derweil auf dem Weg in die Krisenregionen dieser Welt.

Die Einzigen, die aus dem großen, quasiglobalen Solidaritätsmarsch ausscherten, waren die Pegidaisten in Dresden. Statt einfach mal aus Respekt vor den Opfern die Schnauzen zu halten, grölten sie ihre Parolen gegen die Lügenpresse und ein Teilnehmer ließ sich zitieren mit dem Satz: „Scheiß auf die Froschfresser, ick will einfach keene Kanaken und Terroristen in mein Land haben." Gleichzeitig demonstrieren in ganz Deutschland Hunderttausende für die Meinungsfreiheit und für ein Verbot der Kundgebungen der Pegida-Aasgeier.

Ja was denn nun? Meinungsfreiheit oder Kundgebungsverbot? Zugegeben, ich bin zurzeit ziemlich verwirrt und tue mich ein wenig schwer mit der Satire. Und das vor allem, seitdem diese Satire so im Mittelpunkt der Aufmerksamkeit steht und selbst der reaktionärste Hansel einen auf Charlie macht und einfällt in den Chor der westlichen Werteverteidiger.

Und jetzt alle: Die Satire darf alles!

Also ich weiß nicht. Für mich gibt es auf jeden Fall noch ein paar Grenzen. Oder lassen Sie mich so sagen: Wenn die Satire alles darf, dann darf man sie auch fragen, ob sie im Endeffekt auch alles muss, was sie darf!?

Außerdem: Es gibt so viele wichtige Fragen.

Was dürfen Soldaten im Krieg?

Was dürfen Spekulanten an der Getreidebörse?

Was dürfen Geheimdienste im Internet?

Was dürfen Waffenlieferanten im Krisengebiet?

Was dürfen V-Männer im rechtsterroristischen Untergrund?

Was dürfen Scharfmacher im Propagandafeldzug gegen Russland?

Ach ja – und was dürfen Lokomotivführer im Arbeitskampf? Und wenn alle diese Fragen beantwortet sind, dann kommt irgendwann eventuell die Frage: Was darf Satire? Und dann interessiert sich hoffentlich auch kein Mensch für die Antwort.

Aus dem Tagebuch
eines Gratwanderers II

Heute den ganzen Tag im Bett verbracht. Leidend. Kopfschmerzen. Unwohlsein. Schweres Fieber. 38,1. Erste Diagnose: Tagebuch-Syndrom. Einfach krankgeschrieben. Dann zweite Meinung eingeholt. Meine Frau tippt auf ordinäre Erkältung. Hätte mich in der Nacht schwitzend im Bett gewälzt und immer wieder gerufen: „Mir ist kalt! Mir ist kalt!" Wahrscheinlich lag es an der Überdosis Plasberg vor dem Einschlafen. Thema: „Gute Nacht, Europa – das Abendland am Morgen nach dem Untergang".

Wie dem auch sei: Meine Frau besorgt mir ein Kombipräparat – also Wirkstoff kombiniert mit Risiken und Nebenwirkungen. Vor der Einnahme Packungsbeilage gelesen. Wahnsinn! Übelkeit, Erbrechen, Durchfall. Herzrasen, Harnverhalt, Halluzinationen. Nesselfieber, Hautauschlag, Schlaflosigkeit. Am Ende schwarzer Stuhl wegen Eisenmangelanämie und Magengeschwüre, die in Einzelfällen zum Magendurchbruch führen können.

Medikament abgesetzt und Frau gebeten, mir eine Hühnersuppe zu kochen. Hat dann auch geholfen, wahrscheinlich wegen der Antibiotika, mit denen das Huhn im Laufe seines Lebens gemästet wurde. Wie sagt der Pharmakologe: Ein bisschen Nebenwirkung ist immer. Und solange die Risiken unbekannt sind, gibt es auch keinen Grund zur Beunruhigung.

Am Morgen nach dem Untergang des Abendlands geht die Sonne wieder auf. Im Westen.

Aber was ist, wenn sie doch recht hatten? Die Pegidas? Die Dregidas in Dresden, die Bogidas in Bochum, die Dügidas in Düsseldorf, die Digidas in Dinslaken, die Baba-Gidas in Baden-Baden, die Gapa-Gidas in Garmisch-Partenkirchen und die Tratra-Gidas in Traben-Trabach? Was passiert, wenn schon morgen die giftgrüne Fahne des Dschihad auf der Reichstagskuppel in Berlin gehisst wird? Die Kirchen geschändet, die Kreuze zu Sägemehl pulverisiert und Helene Fischer darf nie mehr die schönsten Weihnachtslieder singen, sondern wird zwangsverheiratet mit einem halbwüchsigen Konvertiten, der sie zwingt, fünfmal am Tag im Ganzkörper-Kartoffelsack schweigend seinen Gebetsteppich zu saugen. Dann wird der Muezzin zum Alleinunterhalter, auf allen Fernsehkanälen läuft Al-Dschasira und in den Gängen der Kaufhäuser faulen die abgehackten Hände der Ladendiebe.

Was ist, wenn er wirklich kurz bevorsteht, der Untergang des Abendlands wegen galoppierender Überfremdung? So ein Untergang hätte für mich, der ich ja mittendrin wohne in diesem Abendland, doch erhebliche Konsequenzen für meine gesamte Existenz. Deshalb habe ich gestern Nachmittag diesbezüglich ein paar Nachforschungen angestellt. Zuerst zu Umit. Der hat einen Zeitschriftenkiosk und weiß eigentlich über alles Bescheid, was bei uns im Viertel so passiert. Ich frag: „Umit, was ist mit dem Untergang des Abendlands?" Nein, den hätte er nicht im Angebot, aber er würde mal den Erkan fragen, seinen Lieferanten, der könnte den eventuell bestellen.

Ich sag: „Ist nicht nötig", und bin gleich rüber zur Frau Dardei, die kommt aus dem Iran, trägt Kopftuch und hat eine Änderungsschneiderei. Ich direkt mit der Tür ins Haus: „Frau Dardei, was ist mit dem Untergang des Abendlands?" Sagt sie, es tät ihr leid, aber sie könnte heute keine Aufträge mehr annehmen, weil: Sie wolle heute Nachmittag auf eine Demonstration gegen den islamistischen Terror.

Ich also weiter ins Restaurant nebenan, zu Costa, dem Griechen. „Costa, was ist mit dem Untergang des Abendlands?" Nein, den hätte er nicht auf der Karte, aber er hätte in dieser Woche ein Sonderangebot: Dresdener Allerlei mit Kartoffeln statt Gyros.

Ich dachte: „Haha, sehr witzig", und bin weiter zum Mahmut. Dessen Eltern kommen aus Algerien, und der hat so einen kleinen Copyshop. Mit dem kann man normalerweise nur über ein Thema reden, über Fußball. Ich hab ihn trotzdem gefragt: „Mahmut, was macht der Untergang des Abendlands?" Wird der Mahmut völlig panisch und fragt zurück: „Was ist los? Wird Timo Horn verkauft? Und Risse? Und Hektor auch? Alle verkauft, alles weg?"

Ich hab ihn dann einfach quatschen lassen und bin als nächstes zum Glücks-Günther. Das ist eine Lottoannahmestelle, die gehört dem Torsten. Ich sag: „Torsten, du bist meine letzte Hoffnung: Was macht der Untergang des Abendlands?" Sagt er, da hätte er jetzt gar keine Zeit für, weil am Mittwoch wären 340 Millionen im Euro-Jackpot und die Leute rennen ihm die Bude ein.

Und da war ich beruhigt. Denn solange noch so viel Geld im Spiel ist, so lange findet der Untergang des Abendlands auf keinen Fall statt.

In der Bar zum Garten Eden

In der Bar Zum Garten Eden
gibt's ein Freigetränk für jeden,
der den Namen des Sponsoren vor- und rückwärts
buchstabiert.
Auf dem Tresen tanzt ein Püppchen,
auf der Karte steht ein Süppchen
und die Tische hat ein Öko mit Bananen dekoriert.

After Work ein Stündchen chillen!
Aftershave? Um Gottes willen!
Hier riecht alles ganz natürlich,
denn natürlich ist jetzt in.
Die Musik ist therapeutisch.
Alles schwingt, und jeder freut sich
auf den Hugo, denn im Hugo ist kein Alkohol mehr drin.

In der Bar zum Garten Eden
ist noch längst nicht Platz für jeden.
Wer hier reinwill, muss geimpft
und mehrfach blutgetestet sein.
Hoch die Unverträglichkeiten!
Lila Laune, rosa Zeiten!
Herr Ober noch 'ne Runde
von dem Pampelmusen-Wein.

Ja, die Gesunden haben's gut,
Denn sie essen schon zum Frühstück ein paar Möhren.
Sie sind topfit und ausgeruht.
Und jeder will am liebsten auch dazugehören.

Zu den körperbewussten,
unkaputtbar Robusten.
Den stressresistenten,
konsequent Abstinenten.

Den omnipotenten,
permanent Prätendenten,
extrem Kompetenten
und evident Eloquenten,
die mit dem goldenen Löffel im Mund.
Ach, was für ein Lauf!
Ach, was sind die gut drauf!
Putzmunter, fidel und rundum gesund!

Doch nebenan in der Spelunke,
in der Bar zur alten Unke,
hat sich neuerdings der Teufel höchstpersönlich einquartiert.
Denn da hocken jetzt die Kranken,
die mit Fusel sich betanken,
bis der hohle Schädel voll und hochprozentig deliriert.

An den Hähnen steht ein Zwitter,
der sieht aus wie Magenbitter,
und man sagt, der hätte früher mal Maschinenbau studiert.
Heute fährt er Kawasaki.

Kippt zum Frühstück zwei, drei Raki,
noch bevor er sich die Margarine in die Haare schmiert.

Seine Kundschaft ist echt übel,
säuft Wacholder aus dem Kübel,
steckt die ungewasch'nen Flossen gierig in das Soleiglas.
Die Musik ist infernalisch,
auf dem Klo stinkt es bestialisch:
kalte Kotze, warme Pisse und ein Hauch von schlechtem
Gras.

Nein, nein, den Kranken geht's nicht gut,
denn sie essen auch zum Frühstück keine Möhren!
Sie haben Bier und Schnaps im Blut,
und keiner will zu diesem Krankenstand gehören.

Zu den Kontaminierten,
komplett Aussortierten.
Den inkonsequenten,
indolenten Patienten.
Den impertinenten
Hartz-IV-Abonnenten.
Latent Dekadenten,
permanent Insolventen,
die mit der schmutzigen Wäsche im Schrank.
Mensch, geh mir bloß weg!
Mensch, was für ein Dreck!
Verkommen, kaputt und hoffnungslos krank.
Und die Moral von der Geschicht':
Gesund und krank verträgt sich nicht.

So sieht's aus. Wir leben in einer Unverträglichkeitsgesellschaft. Alle sind allergisch gegen alle. Die Gesunden gegen die Kranken. Die Jungen gegen die Alten. Die Reichen gegen die Armen.

„Armut? Gehen Sie mir weg mit Armut. Hören Sie mal: Wir leben in einem der reichsten Länder dieser Erde. Da kann es keine Armut geben. Fahren Sie mal nach Afrika, da sehen Sie, was Armut heißt. Für die Kohle, in der hierzulande noch der allerletzte Hartz-IV-Empfänger schwimmt, für die Kohle setzen sich im Mittelmeer Zehntausende in abgetakelte Schrottboote und ersaufen jämmerlich im Meer."

Und wenn sie nicht ersaufen, landen sie in erbärmlichen Massenunterkünften, und draußen protestieren die Massen gegen die Überfremdung. Denn dagegen sind die Einheimischen extrem allergisch. Gegen Überfremdung. Da kriegen die Ausschlag und dann schlagen sie aus beziehungsweise zu. Das ist ganz normal, dass es da zu Spannungen kommt. Der Mensch will neben sich keine Sklaven sehen. Allerhöchstens unter sich. Man nennt sie auch Dienstleister. Die Verkäuferin in der Klamottenabteilung des Kaufhauses, den Kellner in der bis auf den letzten Platz besetzten Speisegaststätte, die Krankenschwester in der Notfallambulanz. All die in der Regel völlig unterbezahlten Menschen, deren Beruf es ist, Ihnen auf irgendeine Art und Weise zu dienen.

Ich will jetzt nicht persönlich werden, aber wenn ich mir so anschaue, wie manche Leute sich im Alltag in solchen Zusammenhängen aufführen, dann habe ich den Eindruck, diese Leute haben noch gar nicht mitbekommen, dass die Sklaverei in Deutschland seit geraumer Zeit abgeschafft worden ist. Königin Kunde und Kaiser Patient als unerbittliche Herrscher über das willfährige Volk ihrer Knechte und Mägde.

„Komm mal her, mach mal voran, ich warte schon seit Stunden! Was ist das hier bloß für ein Saftladen, ich bin jetzt auf der Stelle dran, und was heißt denn hier zu klein? Willst du etwa behaupten, ich wäre zu dick für den Fummel, du Kretin? Wenn du jetzt nicht auf der Stelle eine Größe 38 bringst, die mir auch passt, lass ich den Abteilungsleiter kommen und dann Gnade dir Gott, Lakai."

Und die bedauernswerten Dienstleister müssen ergebenst kuschen und auch noch eine möglichst gute Miene machen zum herrischen Spiel.

„Ja natürlich, selbstverständlich, ich eile, ich fliege, stets zu Diensten mein Herr, küss den Rocksaum, gnädige Frau."

Was alleine die Mitarbeiterinnen und Mitarbeiter im Gesundheitswesen an Zumutungen und Rüpeleien ihrer ewig unzufriedenen Kundschaft ertragen müssen, das grenzt an vorsätzliche Seelen- und Körperverletzung. Und dabei wollen doch in Wahrheit alle nur eins: ein möglichst großes Stück vom Glück.

Die einzige Stadt in Deutschland, ach, was sage ich, im Universum, in der das mit dem großen Glück für alle funktioniert, das ist Köln. Ja, Köln, die Stadt, in der das ganze Jahr Karneval ist. Der ist jetzt ja ganz offiziell zum Weltkulturerbe erklärt worden.

Heidewitzka, Herr Metropolitän!

Also, ich finde das super! Schließlich wird der Titel „Weltkulturerbe" nach den Statuten der Weltkulturerbengemeinschaft nur vergeben an die ganz großen Meisterwerke der menschlichen Schöpfungskraft. Wie zum Beispiel die Maskentänze des Yoruba-Nago-Volkes in Nigeria, die Querhornmusik der Tagbana-Gemeinde an der Elfenbeinküste oder die traditionelle Kleidungsherstellung aus Baumrinde in Uganda.

Bei allem Respekt, aber wenn das schon Meisterwerke sind, dann verdienen die Arschrubbelrituale der kornblumenblauen Funken oder die Querfeldeinpolonaisen der fidelen Höppemützen das Prädikat „Geniestreiche"!

Ich habe mir in diesem Jahr mal das Vergnügen gegönnt, sämtliche Fernsehübertragungen sämtlicher Kölner Karnevalssitzungen anzuschauen. Sagenhaft. Ein Superwitz nach dem anderen:

„Schatz, was gibt es denn heute zu essen?" – „Nichts!" – „Ja, aber es gab doch schon gestern nichts." – „Ich habe ja auch für zwei Tage gekocht."

„Warum kommen bei Star Trek keine Araber vor?" – „Weil die Serie in der Zukunft spielt."

„Kommt eine Blondine in die Universitätsbibliothek: ,Ich hätte gerne ein halbes Pfund Pommes frites.' Sagt der Bibliothekar: ,Hören Sie mal, Sie sind hier in einer Bibliothek.' Sagt die Blondine [leise]: ,Oh, Entschuldigung, ich hätte gern ein halbes Pfund Pommes frites.'"

Aber jetzt mal im Ernst: Wie kann irgendein vernunftbegabtes Wesen mit einem Minimum an intaktem Restverstand auf die Idee kommen, ein kollektives Massenbesäufnis wie den Kölner Karneval in den Rang eines weltkulturell bedeutenden Ereignisses zu erheben? Blotwoosch, Kölsch und lecker Mädchen, dat bruch enne Kölsche, um jlöcklich ze sinn. Ich darf übersetzen: Blutwurstfressen, Bierschlucken und die Aussicht auf anschließenden Geschlechtsverkehr, mehr braucht ein Kölner nicht, um glücklich zu sein. Und deshalb braucht er auch keine Ratgeber, keine Rezepte und keine Wegbeschreibungen zum Glück. Dem Kölner reichen eine Metzgerei, eine Kneipe und ein paar potenzielle Beischlafpartner am Tresen. Aber wir anderen, die wir nicht das Privileg haben, Angehörige dieses genauso genügsamen wie selbstbesoffenen Eingeborenenstammes zu sein, wir brauchen das: Anleitungen zum Glücklichsein.

Und weil das so ist, gab es zum Glück im vergangenen Jahr die große ARD-Themenwoche „Zum Glück". Da war quasi 24 Stunden lang Happy Hour auf allen Kanälen.

Wie sieht individuelles Glück aus?

Ist es der Kontoauszug mit den schwarzen Zahlen kurz vor Monatsende?

Ist es das fröhliche Lachen des eigenen Sohnemanns, wenn Papi ihn aus der Ausnüchterungszelle befreit?

Oder ist es am Ende doch nur die Freude über die Hundescheiße unter der Schuhsohle des anderen?

Kann die Politik Rahmenbedingungen schaffen, damit wir glücklicher sind?

Die flächendeckende Einführung eines Mindestlohns von 8 Euro 50 und die Erhöhung der daraus folgenden Minirenten um 0,4 Prozent?

Oder reichen am Ende ein paar gezielte Maßnahmen zur Stärkung von Ehe und Familie, trautes Heim, Glück allein!?

Vielleicht sollten wir wieder viel öfter die Mitglieder der Familie gemeinsam an einen Tisch setzen und nachzählen, ob noch alle da sind.

Oder wir überraschen unseren Lebenspartner mit kleinen Aufmerksamkeiten: ein paar getrocknete Rosenblätter in der Scheidungsurkunde oder ein Rubbellos in der Unterhaltsklageschrift.

Gibt es etwas Schöneres, als andere Menschen glücklich zu machen?

Und die Antwort lautet: Ja natürlich gibt es das!

Aber was ist es?

Der neue Audi Quattro mit vollautomatischer Heckklappenhydraulik?

Das Koi-Karpfenfilet im Beluga-Mäntelchen?

Die 14 Tage im All-inclusive-Hotel nach überstandener Diarrhö?

Und all diese Fragen wurden in der Themenwoche gestellt.

Und das Tolle war, alle konnten mitmachen und Mitglieder werden in der Glückskrankenkasse, um ihr ganz individuelles Glücksrezept zu bekommen. Ausgestellt wurde dieses Rezept vom lustigen Glücksschimmelpilz Eckart von Hirschhausen, der so großartige Befindlichkeitsratgeber geschrieben hat wie „Wohin geht die Liebe, wenn sie durch den Magen durch ist?", oder: „Die Leber wächst mit ihren Aufgaben", oder: „Das Glück kommt selten allein". Ich zitiere: „Glück gibt es in jede Richtung: nach innen und nach außen, nach rechts und nach links, nach oben und nach unten."

Und wenn Sie jetzt zu denen gehören, deren Leben sich eher in den Regionen weiter oben abspielt, dann setzen Sie sich einfach mal ganz entspannt in den Sessel, atmen Sie tief durch und sprechen Sie dreimal die magischen Worte: „Glück gehabt". Sollten Sie jetzt aber zum großen Schwarm der Unglücksraben gehören, das heißt, Sie müssen aufgrund unglücklicher Umstände wie Langzeitarbeitslosigkeit, Alleinerziehung, Altersarmut oder chronischer Krankheit Ihr ganz persönliches Glück weiter unten suchen, dann gehen Sie einfach hin und wieder zum Lachen in den Keller und singen anschließend lauthals das schöne Stimmungslied aller vom Unglück Verfolgten: „Glücklich ist, wer vergisst, was doch nicht zu ändern ist." Ich sage Ihnen, am Ende dieser Themenwoche da hatte ich von all dem Glück derart die Schnauze voll, ich hätte Glückskekse kotzen können. Und da hatte ich eine wirklich grandiose Idee. Die nächste Themenwoche steht unter dem Motto: „Hängen im Schacht". Und zwar auf allen Programmen: das öffentlich-rechtliche Schlechte-Laune-Fernsehen. Die nationale Trauerfestspielwoche. Im Ersten nichts Neues. Mit dem Zweiten sieht man schwärzer. Zum Dritten geht es in den Keller. Und dann rund um die Uhr nur so Themen wie Zwangsprostitution, Kindesmissbrauch und Massentierhaltung. Sämtliche Talkshows auf thematischem Halbmast.

„Extrem schlecht gelaunte Menschen bei Maischberger". Untertitel: „Ich kann eure Visagen nicht mehr sehen". Mit Arnulf Baring, Boris Becker, Hans-Olaf Henkel, Erika Steinbach und Cindy aus Marzahn verkleidet als Sahra Wagenknecht. Erste Frage: „Warum sind Sie eigentlich hier?" – Und dann 90 Minuten nichts! Kein einziges Wort. Nur ein langsamer Dauerschwenk über die versteinerten Gesichter, bis es am Ende heißt: „Vielen Dank für das anregende Gespräch und schalten Sie auch nächste Woche ein, wenn es heißt: Was wollen Sie denn schon wieder hier?"

Ja, da kommt so richtig schlechte Laune auf und die völlig frustrierten Zuschauer können sich anschließend so richtig auskotzen über die systematische Verschwendung der öffentlich-rechtlichen Zwangsgebühren.

„Erna, mach die Glotze aus und hol mir das Fotoalbum mit den Bildern von Muttis Beerdigung! Ich will mich heute Abend wenigstens ein bisschen amüsieren."

Aus dem Tagebuch
eines Gratwanderers III

Was für ein entsetzlicher Tag! Erst mit dem falschen Fuß aufgestanden, dann mit dem anderen aus Versehen auf die neue elektronische Personenwaage im Badezimmer getreten. Schockierendes Ergebnis: 95 Kilo! Typisch Elektronik. Noch keine zwei Wochen alt, schon kaputt! Danach den ganzen Vormittag mit Nichtessen verbracht. Kein Schnittchen, kein Scheibchen, nicht einmal ein kleines Eckchen von dem Mittelalten, der seit Tagen im Kühlschrank zum Doppelalten reift. Der Vormittag als Fastenzeit. Gar nicht so einfach. Fasten nach Otto Buchinger mit Säften und Brühen? Fasten nach Franz Xaver Mayr mit alten Semmeln und saurer Milch zwecks Darmsanierung? Fasten nach Johann Schroth mit gegartem Gemüse im Dunstwickel?

Nach reiflicher Überlegung dann genauso reifliche Entscheidung für evangelisches Fasten. Das findet vor allem im Kopf statt und steht unter einem jährlich wechselnden Motto. In diesem Jahr: Sieben Wochen ohne Runtermachen! Klingt einfach, ist es aber nicht. Statt dauernd an sich rumzunörgeln von wegen du bist zu dick, du bist zu alt, du bist zu hässlich, soll sich der Fastende mit geschlossenen Augen vor den Spiegel stellen und zu sich selber sagen: Du bist schön! Dann geht er raus auf die Straße, tritt in die Scheiße und sagt: „Schöne Scheiße!"

Kann auf die Dauer auch anstrengend sein, aber immerhin darf der Fastende essen und trinken, was er will.

Dementsprechend gestern nach dem Fastenvormittag um 13 Uhr spontanes Fastenbrechen in Connys Breakfast Corner – rustikal und trotzdem: mit den gekachelten Bänken und den abwaschbaren Vollgummitischplatten ganz Speisewagen im Zug der neuen Zeit.

Sie, Conny, ein Kirschlorbeerstrauch im Ziergarten der Gastronomie, ihr Kellner, Paolo, nicht minder bewachsen und im Hauptberuf Insektenfotograf mit fast abgeschlossenem BWL-Studium, Schwerpunkt: makroökonomische Strukturen im Karthago des vierten Jahrhunderts vor Christus. Aufgrund fehlender Berufsperspektive Bauchlandung im Gastronomischen und trotz gesetzlichem Mindestspitzenlohn angewiesen auf Trinkgelder. Dementsprechend extrem devot:

„Was wünschen Euer Gnaden serviert zu bekommen?"

„Bauernfrühstück."

„Bitte sehr! Bitte gleich!"

Ha, den Bauern möchte ich sehen, der zum Frühstück einen halben Zentner Bratkartoffeln, vier Spiegeleier, sechs Scheiben betonhart gebackenen Schinkenspeck und ein halbes Glas Gewürzgurken verspeist. Aber: Der Hunger treibt es rein.

Danach viel nachgedacht über falsche Ernährung im richtigen Corner. Und umgekehrt. Kein Mensch isst mehr, um satt zu werden. Hunger ist etwas für Leute, die sich Verzicht nicht leisten können. Rein materiell. Für die esskulturlosen Allesfresser, die bei Aldi die Fertigfraßregale plündern, um dann schon am Ausgang gierig eine

Packung aufzureißen und das Putenfilet à la Bordelaise kalt zu lutschen. Kulinarische Triebtäter. Adipöse Barbaren. Geschmacklose Kretins.

Sagen zumindest: Karl-Heinz und Barbara. Er, selbstständiger Unternehmensberater in der Festartikelbranche, sie, gelernte Goldschmuckbläserin mit Aussicht auf eine Halbtagsstelle in einer Eventagentur. Er, Gourmet, sie, Gourmeuse – beide jederzeit bereit, auch mal etwas Neues zu probieren. Etwas ganz Neues!

Am späten Nachmittag die beiden zufällig im Stadtpark getroffen. In Kaninchenfellmänteln auf allen vieren durch die Rabatten krauchend, Löwenzahn rupfend. Auf meine Frage, ob ich eventuell mit einer Sense aushelfen könne, verächtliche Blicke von Barbara und Belehrung durch Karl-Heinz: „Nur von der Hand in den Mund ist wirklich gesund!"

Paleo-Diät – Essen wie in der Altsteinzeit. Wie damals vor 20 000 Jahren kurz vor der neolithischen Revolution. Mammutschnitzel, Mastodontensteaks, Säbelzahntigergeschnetzeltes. Selbst erlegt und selbstverständlich roh. Einziges Problem: die fehlenden Bestände in freier Wildbahn. Ich sag: „Na, wie wär's denn mal mit einer Eiszeit-Diät? Nur Tiefgefrorenes. Gibt's bei Rewe extra Truhen für." Daraufhin Karl-Heinz und Barbara unisono: „Wer bei Rewe kauft, der frisst auch Thunfisch aus der Dose, Thunfisch aus der Dose, Thunfisch aus der Dose."

Im gleichen Moment tumultartige Szenen: Jogger, Walker, Biker und sonstige Bewegungsfetischisten verbündeten sich mit alleinerziehenden, magerquarksüchtigen Müttern und ihren schreienden adipösen Kindern, mit vollbärtigen

Diavolo-Jongleuren und spindeldürren Freiluft-Yoga-Kursteilnehmern, mit bleichgesichtigen Maiskolbengrillern und verstaubten Bocciamumien. Sie bewarfen mich mit Bio-Entenfutter, schütteten mir eklige Holunderlimonaden über den Kopf und riefen: „Wir wollen keine Konsumidiotenschweine. Nieder mit den Allesfressern. Eins, zwei, drei ins faule Ei."

Zum Glück zündete sich in diesem Moment ein Rentner auf der Bank gegenüber eine Zigarre an und mit einem kollektiven Wutschrei stürzte sich die aufgebrachte Menge auf den alten Mann, um ihn mitsamt seiner qualmenden Zigarre im nahe gelegenen Ententeich zu versenken.

Was ich jetzt brauchte, war Ablenkung, Zerstreuung, Betäubungsmittel. Ich also nach Hause und gleich zur Fernbedienung gegriffen. Fehler! Ganz großer Fehler, denn ach, von den Nachrichten aus aller Welt, die genauso deprimierend waren wie die Situation vorher, landete ich plötzlich in einem glühenden Vorhof der Hölle.

In einer riesigen Halle in Halle in Westfalen saßen mehrere Tausend Menschen, um live dabei zu sein, wie ein Haufen mir persönlich völlig unbekannter Prominenter drei Stunden lang unschuldige Lebensmittel verhackstückte, um diese dann auf riesigen Elektrogrills bis zur völligen Ungenießbarkeit zu brutzeln.

Angeleitet von einem schnauzbärtigen Kochkasper, der von seinem noch schnauzbärtigeren Kasperkollegen immer wieder „mein Täubchen" oder „mein Engelchen" genannt wurde, ging es da beispielsweise um „eine liebevolle Vereinigung von Hühnchen und Garnele", das heißt, die prominenten Würstchen stopften die Garnele in die aufgeschlitzte

Flattermannbrust und panierten das Ganze mit zerbröseltem Popcorn. Dann sprang plötzlich eine blonde Schüssel, die ihr rotes Blüschen vorher mit Zabaione bekleckert hatte, ins Bild und forderte die Zuschauer auf, ihr sofort ein Grillfie zu schicken. Also ein Selfie mit Grill. Schönes Wortspiel übrigens: ein Grillfie vom Grillvieh.

Und als dann noch ein Revolverheld seinen Hit „Komm lass uns gehen" intonierte, flog meine Fernbedienung aus dem Fenster und ich bin erschöpft ins Bett.

Gute Nacht, Schlaraffenland.

Wir fressen den Planeten leer!

Wo wir gerade beim Thema sind: Haben Sie heute schon Fleisch gegessen? Es muss ja nicht gleich eine doppelte Portion Rinderschmorbraten oder eine fetttriefende Schweinshaxe gewesen sein, aber das eine oder andere Scheibchen Wurst werden Sie ja wohl bereits verspachtelt haben. Nein? Na, dann halten Sie sich ran! Sonst schaffen Sie Ihr statistisch ermitteltes Pensum heute nicht mehr. Das ist vor Kurzem veröffentlicht worden. Im Fleischatlas für Deutschland – herausgegeben von der Heinrich-Böll-Stiftung und dem Bund für Umwelt und Naturschutz. Also, das Teil sollten Sie sich unbedingt besorgen. Auch wenn Ihnen nach der Lektüre der Appetit auf Gemästetes aller Art zumindest vorübergehend vergehen wird.

Da haben die Fressforscher und Verzehrstatistiker ermittelt, wie viele Tiere der Durchschnittsdeutsche im Laufe seines Lebens so verschlingt. Und jetzt halten Sie sich fest: Es sind 4 Rinder, 12 Gänse, 37 Enten, 4 Schafe, 46 Schweine, 44 Puten und sage und schreibe 945 Hühner. Normalerweise sieht man die Tiere ja nur als Beinscheibe oder als Geschnetzeltes, aber seit ich diese Zahlen gelesen habe, muss ich mir immer vorstellen, ich gehe morgens früh auf den Balkon und dann stehen all diese Tiere plötzlich vor mir. Und alle schauen mich an mit dem todtraurigen Blick der für die Bratpfanne oder den Bräter gemästeten Kreatur. 1100 unschuldige Lebewesen, deren Körperteile und Innereien irgendwann auf meinem Teller landen und mit den entsprechenden Sättigungsbeilagen im Verdauungsapparat verschwinden. Und wenn ich dann noch lese, was die Aufzucht und mundgerechte Verarbeitung dieser Riesenherde an Schäden in der Umwelt anrichtet, also dann wird mir doch ganz schön mulmig in der Magengegend. Das sind Zahlen, die müssen Sie erst einmal schlucken, bevor Ihnen schlecht wird. So braucht man für die Herstellung von einem Kilo Fleisch 15 455 Liter Wasser. Sie benötigen 1550 Bierkästen, um diese Wassermenge abzufüllen. Übrigens, für einen Liter Bier braucht man nur 300 Liter Wasser.

Aber man kann sich ja nicht den ganzen Tag von Bier ernähren. Und Vegetarier werden ist für mich auch keine richtige Alternative. So ein Sauerbraten ganz ohne Fleisch oder eine Frikadelle nur aus Zwiebeln und Brot oder ein Hühnerfrikassee nur mit ein paar Kapern in der undurchsichtigen Sauce – ganz ehrlich, da würde mir schon etwas fehlen. Aber einfach so weitermampfen wie bisher geht auch nicht. Und das ist das Gute an diesem Fleischatlas. Das ist nicht so ein verbissenes Kampfblatt für dogmatische Gemüselutscher, sondern zeigt auch Alternativen für alle Freunde des Fleischverzehrs. Zum Beispiel den Halbzeitvegetarier. Zwei Personen bilden ein Tandem und halbieren ihren Fleisch- und Wurstkonsum. Motto: „Zwei halbe Vegetarier ergeben einen ganzen". Ich praktiziere das ab sofort zusammen mit meiner Frau. Die macht sich eh nichts aus Fleisch. Da kann ich ihre Portion mitessen. Und bei jedem Bissen ein gutes Gewissen.

Bon appétit!

Der Mensch ist, was er frisst,
mit gutem Appetit.
Und wenn der Teller lecker ist,
dann frisst er ihn halt mit.

Als Imbiss gibt es schnell
zwei Meter Wurst am Stück.
Danach ein Schnitzel XXL
auf Sülze in Aspik.

Der Bauch kriegt, was er braucht.
Der Rest kommt auf den Müll,
weil man ja hin und wieder auch
was andres essen will.

Drum lebt in Südamerika
ein Rindvieh, dem geht's prima.
Es weiß, es ist zum Fressen da.
Steht rum und furzt ins Klima.

Das Rindvieh furzt und vegetiert,
es wird auf Fleisch gezüchtet.
Der Sojafarmer expandiert.
Der Urwald wird vernichtet.

Es regnet Glyphosate,
das Soja-Gen mutiert,
dann steigt die Tumorrate
und Monsanto jubiliert.

Der Farmer sät.
Das Land wird knapp.
Das Rindvieh bläht.
Die Welt säuft ab.

Wir brauchen schnell Ersatz!
Wir fressen den Planeten leer,
dann ham wir wieder Platz.

Am Platz das allererste Haus,
da kehren wir heut ein,
denn hin und wieder darf's durchaus
was ganz Besonderes sein.

Der Maître kocht auf Trockeneis.
Er hat Physik studiert.
Er macht die Moleküle heiß,
dann werden sie serviert.

Es sitzt der Gast vor heißem Schaum,
der Schaum wird inhaliert.
Die Alginate sind ein Traum
und mehrfach destilliert.

Der Barsch aus dem Viktoria,
den gibt's so nirgendwo.
Die Gräte bleibt in Afrika
und macht den Fischer froh.

Die ganze Welt wird eingelegt,
gedünstet und frittiert.
Und wenn wir nicht mehr beißen könn',
dann wird das Zeug püriert.

Am Himmel brennt das Kerosin
ein Loch in das Ozon,
die Schnitzel fliegen über Wien –
na und? Was macht das schon?

Es schmilzt das Eis.
Die Welt säuft ab.
Es steigt das Meer.
Das Land wird knapp.

Wir brauchen schnell Ersatz.
Wir fressen den Planeten leer,
dann haben wir mehr Platz.
Schnabbel-Sabber-Knabber,
Schnabber-Sabbel-Schmatz.

Wir fressen den Planeten leer,
Dann ham wir wieder Platz.

Tja, meine Damen und Herren, auch wenn es banal klingt, aber das letzte Geräusch, das der deutsche Teil der Menschheit von sich geben wird, bevor er sich endgültig aus der Weltgeschichte verabschiedet, wird wahrscheinlich ein großer Rülpser sein. Ein letztes saures Aufstoßen nach dem letzten großen Resteessen. Verdaue in Frieden!

Und dann werden eines Tages die Archäologen einer anderen, einer besseren Welt kopfschüttelnd und fassungslos vor den Gräbern stehen und sich wundern über all die sonderbaren Grabbeilagen, die dieses ausgestorbene Volk mit in die ewigen Jagdgründe genommen hat.

Denn was werden sie finden? Einen letzten, von der Grillwurst herstellenden Industrie gesponserten Wetterbericht, der fürs Wochenende Sonne, Sonne und noch mehr Sonne verspricht. Einen Lottoschein für den letzten Riesen-Jackpot von 340 Millionen Euro im letzten Rang, auf dem alle 49 Zahlen angekreuzt sind. Ein Rezept für einen Medikamentencocktail aus zwei Teilen Methylphenidat, einem Teil Modafinil, dazu ein kräftiger Schuss Ritalin und das Ganze abgeschmeckt mit einer ordentlichen Prise Amphetamin!

Und dann werden die Archäologen eine Inventarliste anfertigen, die sich liest wie der Einkaufszettel eines Messies am Beginn des dritten Jahrtausends: ein Fahrradschutzhelm, ein Frontspoiler, eine Selbstschussanlage, eine schwarze Null aus Braunkohle, ein Rasenkantenschneider, eine Paybackkarte, ein Joyetech eVic supreme, kennen Sie nicht?

Den Joyetech eVic supreme? Kannte ich bis vor Kurzem auch nicht, bis ich meinen alten Freund Hans-Gerd nach Jahren zufällig auf der Straße wiedergesehen habe.

Und so ein Wiedersehen ist ja dann besonders schön, wenn man jemanden lange nicht getroffen hat. So nach dem Motto: Mensch, lebst du auch noch. Klar, da gibt es Ausnahmen: zum Beispiel die FDP in Bremen oder die Brigitte Nilson im Dschungelcamp oder den Uli Hoeneß in der Jugendabteilung des FC Bayern. Aber normalerweise ist die Freude doch groß, wenn man nach langer Zeit einen alten Bekannten wiedertrifft. So wie ich meinen alten Schulfreund Hans-Gerd.

Mit dem habe ich im zarten Alter von neun Jahren die erste Zigarette geraucht. Da hatte der Hans-Gerd seinem Vater zwei Rothändle stibitzt, die wir dann in unserem Bunker am Rhein gequalmt haben. Auf Lunge, versteht sich. Wir lagen danach beide drei Tage lang mit Brechdurchfall im Bett und haben anschließend eine ordentliche Tracht Prügel bezogen, sind aber trotzdem nicht mehr davon losgekommen. Vom Rauchen. Vor allem der Hans-Gerd. Mein Gott, was hat der Mann weggequarzt. Man nannte ihn auch den Vesuv von Leverkusen. Wenn der mal keine Zigaretten hatte, dann hat der die Füllung aus dem alten Wohnzimmersessel seiner Eltern rausgezubbelt und sich mit einem Stück Zeitung einen Ersatz gedreht.

Wie dem auch sei. Ich treff den Hans-Gerd also nach Jahren zufällig auf der Straße und sag: „Mensch, was ist los Hans-Gerd, bist du krank? Du hustest ja gar nicht." Ja, er hätte jetzt vor zwei Jahren mit dem Rauchen aufgehört. Zuerst hätte er es versucht mit akupunktierter Hypnose. Hätte aber nichts gebracht. Genauso wenig wie die Nikotinpflaster. Er hätte die Dinger einfach nicht ans Brennen gekriegt. Aber jetzt habe sich sein Leben komplett geändert. Er wär jetzt nicht mehr Raucher, er wär jetzt Dampfer. Ich sag: „Seit wann kannst du schwimmen?" Und als er mich daraufhin so komisch anguckte, wollte ich die Wogen glätten und schlug vor, erst einmal eine zu rauchen.

Was für ein Fehler. Da knöpft der Hans-Gerd seinen Mantel auf und ich dachte, ich sehe nicht richtig. Der Mann sah aus wie ein Selbstmordattentäter. Um die Hüfte einen Gürtel mit mindestens zehn Rohrbomben und quer über die Brust so eine Art Patronengurt voll mit Munition, und zwar das ganz große Kaliber.

Ich muss wohl ziemlich bescheuert geguckt haben, und deshalb hat der Hans-Gerd mich beruhigt und mir erklärt, es handele sich bei der vermeintlichen Bewaffnung lediglich um die Grundausstattung für den mobilen E-Zigaretten-Dampfer. Im Patronengurt befände sich das Dampferzubehör, also hochstromfähige Akkuzellen, Atomizer, Clearomizer, Verdampferköpfe und diverse Wechselmundstücke. Und die Dinger im Hüftgürtel, das seien die eigentlichen Dampfmaschinen.

Und dann kriegt er plötzlich so ein irres Leuchten in den Augen und holt so ein voll verchromtes Riesenteil aus dem Gürtel.

„Das hier, mein Lieber, das ist das Monster unter den Dampfmaschinen: der Joyetech eVic supreme. Das Ding hat eine maximale Ausgangsleistung von 30 Watt bei 5,0 Ohm und ein auswechselbares Verdampferverbindungsstück, das bei Bedarf einfach ausgetauscht werden kann."

Ich sag: „Das ist ja der Wahnsinn. Das heißt, du kannst das Verbindungsstück einfach so austauschen? Ja, und dann?"

„Na, dann Volldampf voraus!"

Tja, und dann habe ich den nächsten großen Fehler gemacht. Da habe ich nämlich gefragt, was er denn da so im Einzelnen alles verdampfe. Das sei im Prinzip eine Mischung aus Propylenglycol, auch bekannt als Propandiol, Glycerin und destilliertem Wasser. „Und das schmeckt?"

Ja, und zwar nach den verschiedensten Aromen, die er ganz individuell in die Basic-Liquid träufele. Von Ananas, Apfel, Banane und Brombeere bis hin zu Glühwein, Latte macchiato oder Piña colada. Das Ganze dann gemischt mit Käsekuchen, Gummibärchen oder Zimtbratapfel und individuell abgeschmeckt mit Vanille, Anis oder Holunder. Sein aktueller Lieblingsmix sei eine Mischung aus leicht angefaulten Waldbeeren, gedünstetem Wirsing und gerösteten Honigprinten mit einem Hauch von Ingwerextrakt und einem leichten Eierlikörabgang.

Tja, und den habe ich dann auch gemacht, das heißt: Ich bin abgedampft. In ein Straßencafé um die Ecke. Und da habe ich erst einmal in aller Ruhe eine geraucht. Zur Beruhigung.

Entschuldigung, ich bin jetzt ein wenig abgeschwiffen. Wir waren bei der Liste der Grabbeigaben des letzten Angehörigen eines ausgestorbenen Volkes. Sie erinnern sich? Ein Fahrradschutzhelm, ein Frontspoiler, eine Selbstschussanlage, eine schwarze Null aus Braunkohle, ein Rasenkantenschneider, eine Paybackkarte und ein Joyetech eVic supreme. Außerdem: ein Schamhaarrasierapparat, ein Wahl-O-Mat, ein Milchaufschäumer, eine Freiwild-DVD, eine Fernbedienung, ein Mobiltelefon und ein Baseballschläger.

Und das Ganze eingepackt und ausgestopft mit Papieren aller Art. Der letzte komplett geschwärzte Bericht des NSA-Untersuchungsausschusses. Das letzte Strategiepapier der Bürgerinitiative „Kein Watt im Watt! Für ein windmühlenfreies Ostfriesland". Das letzte Konzept für den achtspurigen Ausbau des Kölner Autobahnringes. Das letzte Grundsatzprogramm der SPD vor dem Scheitern an der Fünf-Prozent-Hürde.

Und dann werden die Archäologen in all dem sinnlosen Geschreibsel plötzlich auf etwas stoßen, was sie noch nie zuvor gesehen haben: ein Gedicht.

Und dieses letzte Gedicht wird wahrscheinlich eins von Jan Wagner sein. Jan Wagner, das ist ein Lyriker, also ein Dichter von Gedichten. Kennt ja heute kein Mensch mehr, so richtige Gedichte. Das gehörte früher, also vor dem Beginn des Untergangs des christlichen Abendlands, zur Allgemeinbildung. Da saß man abends zusammen und hat sich gegenseitig Gedichte vorgetragen. Auswendig! „Die Kraniche des Abakus", „Der Ring des Domestikos" oder „Der Satz des Pythagoras" – 146 Strophen und alles auswendig. Und dann hat man zu später Stunde ganz spontan eigene Verse zusammengeknittelt:

„Der Landmann faltet seine Stirn –
im Himmel hängt der Arsch am Zwirn."

Wie komme ich drauf? Genau, wir waren bei einem der größten lebenden deutschen Dichter, um genauer zu sein, Lyriker: Jan Wagner. Der hat in diesem Jahr den Leipziger Buchpreis bekommen. Für seine „Regentonnenvariationen". So heißt sein letztes Buch randvoll mit Lyrik. Zum Beispiel über den Giersch.

Den Giersch, im Volksmund auch „Baumtropf" oder „Geißfuß" genannt, den werden jetzt nur die alten Botaniker und neuen Veganer unter ihnen kennen, als schier unausrottbares Unkraut. Ich nenne ihn immer den Nazi unter den Doldenblütlern. Der bildet auch nach seinem Tod großflächig so unterirdische Wurzelwerke. Wenn du den an der einen Stelle platt machst, kommt er an einer anderen wieder raus.

„Im Kampf gegen den Giersch zeigt sich die Vergeblichkeit des menschlichen Tuns."

Wie gesagt, der Nazi unter den Unkräutern. Und über den hat der Leipziger-Buchpreis-Träger, Jan Wagner, ein Gedicht geschrieben mit dem Titel – Überraschung – „Giersch".

Ich zitiere die letzte von vier Strophen:

„Giersch bis hoch zum Giebel kriecht,
bis Giersch schier überall sprießt,
im ganzen Garten Giersch sich über Giersch schiebt,
ihn schier verschlingt mit nichts als Giersch."

Als ich gehört habe, dass der Jan Wagner für solcherlei Schrebergartenlyrik den Leipziger Buchpreis bekommen hat, dachte ich zuerst: Ja, haben die in Leipzig denn keine anderen Probleme?

Aber dann habe ich mir von Experten sagen lassen, dass diese Dichterworte zum Thema „Planten und Blomen" verbale Manifestationen der aktuellen Seelen- und Gemütslage der deutschen Intellektuellen seien. Hier spricht der Zeitgeist: Zurück zur Natur! Weg von den Abgehängten im Regen und den Arbeitslosen in Griechenland hin zu den Schlehen im Frost und den Eseln in Sizilien. Oder wie es in den „Regentonnenvariationen" von Jan Wagner heißt: „Ich hob den Deckel und blickte ins riesige Auge der Amsel."

Das ist natürlich ein schöner Anblick. Was sind die müden Augen der Flüchtlinge in Syrien, die verzweifelten Augen der Hungernden in der Sahelzone, die fiebrigen Augen der Ebola-Kranken im Westen Afrikas, die hoffnungslosen Augen der Ausgebombten im Gazastreifen – was sind all die vorwurfsvollen Augen der Todgeweihten und von Gott und der Welt Verlassenen in den Krisenregionen der Welt gegen die riesigen Augen der Amsel, die im eigenen Garten unter dem Deckel der Regentonne hockt und von alledem nichts weiß?

Aus dem Tagebuch eines Gratwanderers IV

Heute viel nachgedacht über Heimat. Ergebnis: starker Gegenwind aus dem Trübsinngebläse fürs ohnehin schwere Gemüt. Problem: Ich bin Leverkusener. Ich habe gar keine Heimat. In Leverkusen, da gib es nur eine Stadt, die hat Straßen, in denen stehen Häuser und da wohnen die Leverkusener und das war's. Die Heimat wäre Heimat nie, fehlt ihr die Heimatmelodie. Oder: Der Mensch erst auf die Heimat schwört, wenn er sie auch gesungen hört. Aber was soll ich da singen: Unterm Bayer-Kreuz nachts um halb drei? Oder: Leverkusen, ich komme aus dir? Nein, im Gegensatz zu Köln, wo an jeder Straßenecke ein volkstümelnder Grunzbojar ins Liederbuch der Heimatliebe bölkt, hat Leverkusen keine Hymne. Und das ist gut so. Ich habe nämlich eine Hymnenallergie.

Seit der Fußball-WM in Brasilien. Als plötzlich solche Provinzpossenreißer wie der hessische Ministerpräsident Bouffier oder der bayerische Innenminister Herrmann aus dem Dickicht der Unterholzhacker in den Blätterwald sprangen und loskrakeelten: „Wer nicht bereit ist, die deutsche Nationalhymne zu singen, der hat in einer deutschen Nationalmannschaft auch nichts verloren."

Deutliche Worte an die Adresse der vaterlandslosen Gesellen, die nicht die Zähne auseinanderbekamen, wenn das Lied der Deutschen dudelte.

Typisch Fremdarbeiter, Söldner, Legionäre. Der Özil und der Khedira sollen ja während der Hymne sogar Koranverse gemurmelt haben. Wenn es wenigstens das Vaterunser gewesen wäre. Oder ein Ave Maria. Aber nein – Koranverse! Wie es allerdings passieren konnte, dass die beiden Nichtsinger und Koranversemurmler Özil und Khedira am Ende in der Elf der Besten des Turniers landeten, während beispielsweise der Musterchorknabe Schweinsteiger nur um die goldene Gurke gespielt hat, das kann selbst der größte Mitsingfanatiker nicht erklären.

Aber ich!

Ich bin jetzt so alt wie Angela Merkel. Und ich habe in meinem ganzen Leben noch nicht einmal die deutsche Nationalhymne gesungen. Und warum nicht: Weil ich es nicht kann! Und zwar wegen des „blüh". Wenn es nach dem Unterpfand plötzlich so hochgeht: „... blüh im Glahan-ze ..." Da komm ich einfach nicht mit.

Ich komm allerdings auch nicht mit, wenn so ein stinknormales Fußballspiel plötzlich hochgejubelt wird zu einer nationalen Herzensangelegenheit mit Stolz, Ruhm und Ehre und was da an überflüssigem völkischem Gedusel und nationalistischer Tümelei sonst noch so reingequetscht wird. Deshalb heute Nachmittag spontan beschlossen, eine Ehrenerklärung in eigener Sache abzugeben: Hiermit erkläre ich im Vollbesitz meiner geistigen Kräfte meinen sofortigen Rücktritt als Weltmeister, das heißt, ich verbiete mir ausdrücklich, in Zukunft als solcher geführt, tituliert oder gar angesprochen zu werden.

Die Gründe dafür, dass ich aus freien Stücken den vierten Stern in die Sondermülltonne kloppe, sind auf keinen

Fall sportlicher Natur, sondern diese Maßnahme erfolgt als zwingende Konsequenz aus der Veröffentlichung des Abschlussberichts der FIFA-Ethikkommission zur WM-Vergabe an Russland und Katar. 42 Seiten gedruckte Lügen, Verschleierungen und Unterschlagungen, die nur ein einziges Ziel haben: die durch und durch kriminelle FIFA-Mafia mit ihrem Chef-Strippenzieher Blatter reinzuwaschen vom Vorwurf der Korruption.

Dass diese Ganoven die Dreistigkeit besitzen, den Begriff „Ethik" überhaupt in den Mund zu nehmen. Ein Begriff, an dem sich die größten Geister der Menschheit abgearbeitet haben, von Eudoxos von Knidos bis Ernst-Wolfgang Böckenförde, von Protagoras bis Julian Nida-Rümelin – Generationen von Philosophen haben sich das Hirn zermartert, um allgemeingültige Kriterien für gutes, beziehungsweise schlechtes Handeln im menschlichen Wesen aufzuspüren.

Und dann kommt so ein Blattersepp und wischt sich mit ihren Erkenntnissen den goldenen Hintern ab. Und zwar mit denselben schmutzigen Händen, mit denen er den Weltpokal überreicht.

Und deshalb, auch wenn's mir als Leverkusener besonders schwerfällt: Der Schmuddelpokal kommt mir nicht in die Vitrine. Leer, aber sauber. Alles eine Frage der Ethik. Ich kann und will es nicht mehr hören:

„Und ist der Sieg dann unser,
sind Freud' und Ehr' bestellt,
ja, Fußball ist unser Leben,
denn König Fußball regiert die Welt."

Und über dem König kommt nur noch Gott. In dem speziellen Fall der Fußballgott.

Aber der hat seinen König ganz offensichtlich schon seit geraumer Zeit verlassen. Was ist dieser ehemals so strahlende und grundgütige Herrscher über alles, was bolzt und kickt auf Erden, doch ganz und gar verkommen zu einem despotischen Fettsack, dessen maßlose Gier nur noch übertroffen wird von seiner widerwärtigen Bestechlichkeit. Ein erbärmlicher Popanz, korrupt bis in den Schienbeinschoner, ein devoter Schmierlappen, der vor den größten politischen Schweinehunden dieser Welt katzbuckelt und ihren fauligen Speichel leckt, eine lächerliche Marionette in den schmutzigen Händen der Beutelschneider, die seine Seele verkaufen an die Höllenfürsten der kapitalistischen Finsternis.

In Südafrika verrotten die weißen Elefanten von 2010, in Brasilien erklären die Sicherheitskräfte den grünen Rasen zur Hochsicherheitszone und in Berlin gewinnt Bayern München den DFB-Pokal. Derweil hockt der Fußballgott im Himmel weinend im passiven Abseits und beantragt die Mitgliedschaft in einem Minigolfverein, weil er weiß, das Reich seiner Statthalter auf Erden steht kurz vor dem Zusammenbruch.

Habe spontan beschlossen, am morgigen Sonntag einen Gottesdienst zu organisieren. Einen Gottesdienst für alle frustrierten Gottheiten dieser Welt. Den Fußballgott, den Wettergott, den Gott der Liebe, den barmherzigen und den gütigen Gott, den Gott. Treffpunkt: 14:00 Uhr, Hintereingang Hauptbahnhof. Ab 14:15 Uhr letzte Lesung aus dem letzten Brief des letzten Apostels an die Leviten.

Letzte Lesung aus dem letzten Brief des letzten Apostels an die Leviten

Wahrlich, wahrlich ich sage euch: Als euer Schöpfer sah, dass die Bosheit der Menschen auf Erden groß und alles Gedankengebilde ihrer Herzens allzeit nur auf das Böse gerichtet war, da reute es ihn, dass er die Menschen auf Erden gemacht hatte, und er sprach:

„Das Ende allen Fleisches ist bei mir beschlossen. Denn die Erde ist voller Gewalttat wegen der Menschen. So will ich sie denn von der Erde vertilgen. Aber vorher will ich unter ihnen noch heillose Verwirrung stiften und mich erfreuen an der kompletten Täuschung ihrer ohnehin verwirrten Sinne."

Und von einem Tag auf den anderen war nichts mehr so, wie es eigentlich sein sollte. Schwarz war nicht mehr schwarz, sondern mehr grün als schwarz, und das Grün, das vorher rotsah, sah plötzlich schwarz für Rot und grün für Schwarz, weil Schwarz-Gelb minus gelb und Rot-Grün minus grün ergab Schwarz-Grün zum Quadrat, und Rot, Rot-Rot und Gelb sprangen im Kreis.

Denn rechts war nicht mehr rechts und links nicht mehr links, weil die Rechten linker als links und manch Linker rechter als rechts waren und darum wollten alle am Ende nur noch ab in die Mitte, aber weil es ohne rechts und ohne links auch keine Mitte mehr gab, wusste am Ende niemand mehr, wer für was gegen wen mit wem.

Und der Schöpfer hatte einen Heidenspaß und sprach: „Euer tägliches Brot wird euch heute vergiften und die Frucht eurer Felder wird von Erregern befallen, die keine Spuren hinterlassen und die kein Schredder vernichtet.

Was heute noch Gurke, ist morgen schon Tomate und übermorgen Sprosse. Ihr werdet hilflos vor den Regalen der Supermärkte stehen und es wird ein Jammern und Wehklagen sein ob der Wahrheit, dass man Frischhaltefolie nicht essen kann.

Eure Schuld wird euch nicht vergeben, weil ihr euren hoffnungslos verschuldeten Schuldigern die Schulden nicht erlasst, sondern sie auspresst bis auf den letzten Tropfen Blut.

Ihr werdet keinen Frieden finden, denn der Frieden, den ihr meint, wenn ihr vom Frieden sprecht, kommt aus den Gewehren und Kanonen, und er zersplittert mit jeder Bombe, die ihr im Namen des Friedens streut.

Und deshalb wird es keine Erlösung geben von dem Bösen, sondern eine nicht enden wollende Führung durch die Versuchung.

Die Klimaschützer werden im triefenden Schweiß ihres Angesichts das Klima schützen, derweil die Klimaanlagen revoltieren.

Die Umweltschützer werden sich beim Umweltschützen vor Umweltschützern schützen, die ihre eigene kleine Umwelt vor zu viel Umweltschutz schützen.

Die Datenschützer werden überhaupt nichts schützen, weil ihre Daten so datiert sind, dass sie sich ungeschützt in schutzlosen Räumen selbst umdatieren.

Und wenn keiner mehr weiß, was, wo, wer und wie, warum, dann wird sie kommen, die Flut. Aus den Fernsehapparaten und Radioempfängern, aus den Computerbildschirmen und Spielkonsolen, aus den Mobiltelefonen und Navigationsgeräten.

Und wahrlich, wahrlich ich sage euch, dann wird euch Hören und Sehen vergehen. Und auch das Schmecken und Riechen wird niemandem mehr Vergnügen bereiten. Denn das Einzige, was ihr dann noch schmeckt, das werden sein die Geschmacksverstärker in der Henkersmahlzeit, und was ihr dann noch riecht, sind die Schwären der verbrannten Erde, die ihr hinterlassen habt.

Und wenn dann der Selbstgerechte sein eitel gepudertes Maul aufreißt, wenn der angeblich Auserwählte seine bigotten Tiraden erbricht und wenn der von eigenen Gnaden Gebenedeite seine scheinheiligen Litaneien rauf und runter rhabarbert, immer dann verschließt der Allmächtige die Ohren und wendet sich ab.

Denn bei all den verfilzten Bärten der blinden Propheten, wenn der Erdball erbebt vom Geschrei der Gesalbten und sich der Himmel verfinstert beim Gezeter der Erleuchteten, dann kennen die Götter nur ein einzig Gebot und das lautet: Einfach mal den Sabbel halten.

Und zwar alle. Also, ihr geifernden Eiferer, ihr vom eigenen Sendungsbewusstsein gestörten Gardinenprediger, ihr mit dem Klingelbeutel kreuzweise gegeißelten Scharlatane:

Von jetzt an kein einziges Wort mehr! Keins zum Sonntag, keins zum Montag und schon gar keins von Ewigkeit zu Ewigkeit. Amen!"

MONTAGSFRAGEN
2015–2013

WDR 2 Kabarett – Die Montagsfrage,
jeden Montag um 10 vor 11

Montagsfragen
2015

5. Januar 2015

Wer ist eigentlich schuld an allem Elend dieser Welt?

Und so kompliziert und komplex diese Frage zu sein scheint, so einfach und verblüffend ist die Antwort: Denn schuld an allem Elend dieser Welt bin ich!

Erstens bin ich Raucher. Das heißt, ich habe durch die Befriedigung meiner krankhaften Nikotinsucht nicht nur Hunderttausende von Passivrauchern auf dem Gewissen, nein, ich bin auch verantwortlich für den langfristigen Ruin des Gesundheitssystems. Außerdem finanziere ich mit der von mir entrichteten Tabaksteuer die Dauerbaustellen auf deutschen Autobahnen, die Subventionen für die klimafeindlichen Kohlekraftwerke und die verfassungsfeindlichen Auslandseinsätze der Bundeswehr.

Und als wäre das nicht schon verwerflich genug, gehöre ich auch noch zu den asozialen Elementen, deren Body-Mass-Index nicht dem von den Gesundheitspolizeibehörden vorgeschriebenen Sollwert entspricht, kurzum, ich bin so dreist, etliche Kilo Übergewicht mit mir herumzuschleppen. Aber statt dass ich mich ab sofort in den Folterkammern des Doktor No auf dem Crosstrainer festschnalle, um im Schweiße meines verfetteten Angesichts all die gesundheitsschädlichen Kalorien abzuarbeiten, leg ich mich lieber aufs Ohr und mach ein kleines Nickerchen.

Darüber hinaus bin ich auch noch dafür verantwortlich, dass die Deutschen aussterben beziehungsweise die Alterspyramide mangels stabilen Fundaments kurz vor dem Einsturz steht. Denn: Ich habe keine Kinder.

Ja, ich weiß, ein derart egoistisches Element wie ich verdient eigentlich die Höchststrafe. Das heißt, Zettel um den Hals, auf dem all meine Verfehlungen, Unterlassungen und gesellschaftsfeindlichen Todsünden notiert sind, und dann ab dahin, wo die Sündenböcke hingehören: in die Wüste. Und dabei habe ich Ihnen das Schlimmste noch gar nicht gebeichtet. Denn ich bin nicht nur kinderloser, übergewichtiger Raucher, nein, ich bin auch – und jetzt halten Sie sich gut fest – ein überzeugter Befürworter der multikulturellen Gesellschaft, das heißt, ich liebe es, in einem Land zu leben, in dem Menschen aus der ganzen Welt ein Zuhause finden, ihre eigene Sprache sprechen und ihre kulturellen Eigenarten ungehindert in den Alltag einbringen.

Na, habe ich Ihnen zu viel versprochen?

Aber ich werde versuchen, mich im neuen Jahr zu bessern. Schon morgen lasse ich mich zwangseinweisen: In ein Fitnessstudio mit angeschlossener Nikotin-Entzugsanstalt. Und da verderbe ich mir den Appetit und studiere das Parteiprogramm der AfD. Denn jetzt mal ehrlich: Wer will schon gerne schuld sein an allem Elend dieser Welt?

Ich auf jeden Fall nicht.

2. Februar 2015
Was macht eigentlich das Volk?

Nun, wenn ich es richtig beurteile, dann macht das Volk zurzeit vor allem eins: Es hockt völlig verwirrt zuhause und versteht die Welt nicht mehr.

Also zumindest das Volk, das in den letzten Wochen und Monaten über seinen normalerweise eher verschwiegenen Schatten gesprungen ist und mächtig auf den politischen Putz gehauen hat. All die Wut-, Frust- und Protestbürger, die sich Montag für Montag die Hacken wund gelaufen haben und bei Meinungsumfragen der Alternative für Deutschland zweistellige Ergebnisse bescherten. Und jetzt? Jetzt sitzen sie vor den Propagandaapparaten der Lügenpresse und müssen mit ansehen, wie sich ihr selbsternanntes Führungspersonal aufführt wie die Krawallnudel im Dampfkessel.

Auf dem Parteitag der AfD in Bremen legen ein paar Dutzend Querulanten mit zahllosen Anträgen, Gegenanträgen und Ergänzungsanträgen zur Geschäfts- und Tagesordnung über Stunden den Apparat lahm, und als es dann endlich zur Sache kommt, geht es nur noch darum, ob die Partei in Zukunft von einer Doppel-, einer Trippel- oder einer Einzelspitze geführt werden soll. Dieselben von persönlichen Eitelkeiten und egomanischen Geltungstrieben geprägten Machtspielchen, die bei den etablierten Parteien seit Jahrzehnten ablaufen. Wie spricht der Lucke? „Wir können nicht in allem anders sein als alle anderen." Und der Wutbürger hockt fassungslos im Fernsehsessel, kriegt die Schnappatmung und müsste eigentlich dringend an die frische Luft.

Aber von wegen Abendspaziergang. Abgesagt. Wegen Spaltpilzinfektion.

Erst tritt der Lutz Bachmann wegen erwiesener Doofheit in der Öffentlichkeit mit großem Tamtam zurück, dann weigert er sich aber trotzdem, seine Vorstandsstellung zu räumen, und schließlich verlassen fünf Spitzen-Pegidaisten das patriotische Schiff, weil sie angeblich keine Lust haben, mit Kapitänleutnant Bachmann und dessen wilder Horde irgendwann im braunen Sumpf stecken zu bleiben.

Also gründen sie flugs was Neues: die Bewegung für direkte Demokratie in Europa, die Bedide. Schon nächsten Montag wollen sie zum ersten Mal in Dresden einen Spaziergang machen. Das wollen die von der Pegida allerdings auch. Und zwar zusammen mit ihren Brüdern und Schwestern im rechtsradikalen Geiste aus Leipzig, den Legidas. Na, da bin ich aber mal gespannt: ultranationale Pegidas und rassistische Legidas gegen gemäßigte Bedides. Dazu dann noch die Gegendemonstranten, die sich wohl oder übel auch aufteilen müssen in Anti-Pegida und Anti-Bedide. Und mittendrin und drum herum die bedauernswerten Einsatzkräfte der Polizei, die dieses Chaos in halbwegs geordnete Bahnen lenken sollen.

„Achtung! Achtung! Eine wichtige Durchsage für alle Abendspaziergänger. Auf der Prager Straße stadteinwärts kommen Ihnen mehrere Demonstrationszüge entgegen. Halten Sie sich äußerst rechts und überholen Sie nicht. Wir melden uns, wenn die Gefahr vorüber ist."

9. März 2015
Alles gut?

Es ist Montag, also allerhöchste Zeit für die Montagsfrage, und die gehört heute zu den mit Abstand bescheuertsten und überflüssigsten Fragen, die ein Mensch dem anderen stellen kann, und sie lautet: Alles gut?

Die Frage ist deshalb so bescheuert und überflüssig, weil niemand darauf eine ehrliche Antwort erwartet. Denn was soll schon alles gut sein? Das körperliche Gesamtbefinden? Die finanzielle Situation auf dem Privatkonto? Die Rentenerwartung? Oder soll der Befragte am Ende einen Kommentar abgeben zur Lage in der Welt? Zur ökonomischen und politischen Zukunft der Eurozone? Zur militärischen Eskalation in der Ukraine? Zum Wüten der IS-Mörderbanden in Syrien und im Irak?

Nein, nichts von alledem will der Fragensteller wirklich wissen, weil er gar nicht interessiert ist an einem längeren Gespräch über das körperliche und geistige Wohlbefinden seines Gegenübers. Was er in Wahrheit will, ist, jedes Gespräch schon im Keim zu ersticken. Kein Anschluss unter dieser Nummer!

Er könnte genauso gut fragen: Alles Banane? Dabei würde er allerdings zwei bis drei Silben mehr verschwenden als unbedingt nötig. Und genau darum geht es bei der Kommunikation, die inzwischen das Miteinander der Menschen bestimmt: um die Vermeidung von sprachlichen Ausschweifungen aller Art, um die Verknappung jeder Form von zwischenmenschlichem Austausch. Wie beim SMS-Versenden oder dem Twittern in den asozialen

Netzwerken. Da zählt jede Silbe. Und selbst die ist noch zu viel, weshalb viele Menschen nur noch mit Abkürzungen kommunizieren. „MFG" zum Beispiel. Als ich die ersten Sprachnachrichten mit diesem Kürzel bekommen habe, dachte ich bei „MFG" immer noch an „Mitfahrgelegenheit". Heute weiß ich natürlich auch, dass es in Wahrheit die freundlichen Grüße sind, die der ganz offensichtlich unter extremem Zeitdruck stehende Absender auf die Schnelle loswerden will. Ich habe mir jetzt angewöhnt, alle mit MFG unterschriebenen Nachrichten gar nicht mehr zu lesen, sondern gleich im virtuellen Papierkorb zu versenken. Wenn jemand es nicht einmal mehr für nötig hält, seine freundlichen Grüße auszuschreiben, dann kann ich auf den Rest auch verzichten.

Ich kann mich an Zeiten erinnern, da traf man sich auf der Straße oder sonst wo in der Welt und nahm sich Zeit für einen kleinen Plausch. „Na, wie isses denn so? Was macht der Job? Wie geht's der Mutter? Hat die immer noch diese Probleme mit der Bandscheibe?" Und dann kam man vom privaten Hölzchen aufs allgemeine Stöckchen und irgendwann stellte man fest, dass man sich völlig verplaudert hatte. Aber sei's drum. „Schön, dich getroffen zu haben, bis bald mal und bestell der Mutter gute Besserung."

Inzwischen alles reine Zeitverschwendung. Heute heißt es nur: „Alles gut?"

Und dann nichts wie weg, ohne die Antwort abzuwarten. Die lautet übrigens: „Alles gut! Und selbst?"

18. März 2015

Hatten Sie heute schon einen Nudge?

Wie? Sie wissen nicht, was ein Nudge ist? Nein, kein neuer Schokoriegel auf der Basis einer veganen Walnussmischung und auch nicht der allerletzte Schrei aus den Hallen der CeBIT in Hannover – ein Nudge ist vielmehr die neueste Erfindung aus der Trickkiste der Verhaltensforscher, also, um genauer zu sein, der Verhaltensforscher, die unser Verhalten erforschen, um es zu verändern.

„To nudge" ist Englisch und bedeutet so viel wie „schubsen" oder „stupsen". Oder wie es der Verhaltensforscher ausdrückt: „Ein Nudge ist etwas, das erstens Aufmerksamkeit erregt und zweitens das Verhalten in vorhersagbarer Weise verändert, ohne Handlungsoptionen auszuschließen."

Beispiel: Wenn heute bei Ihnen in der Kantine der Salat plötzlich auf Augenhöhe steht, der Pudding hingegen sich irgendwo in der untersten Schublade versteckt, dann ist das ein klassischer Nudge, mit dem Ihr Arbeitgeber Sie in Richtung gesündere Ernährung schubsen will. Der Pudding ist zwar da, also quasi als Option, aber weil Sie mit der Nase direkt auf den Salat genudgt werden, gibt es heute eben Grünzeug zum Nachtisch.

Genauso funktioniert das, wenn plötzlich in der Kantine hinter der Essensausgabe Spiegel aufgehängt werden. Dann sieht der hungrige Mitarbeiter seine überflüssigen Pfunde, und schon lässt er die Schweinshaxe mit Püree links liegen und begnügt sich mit einem Gemüsesüppchen. Die Kalorienbomben sind zwar im Angebot, aber der Appetit ist vergangen.

Der Mensch ist nun einmal von Natur aus kein vernunft-gesteuertes Wesen, sondern in der Regel dumm, faul und gefräßig. Und außerdem äußerst empfindlich, wenn er das Gefühl hat, irgendjemand wolle ihn bevormunden. Und genau da setzen die Schubser von der Verhaltensforschung an. Wie kann man einen Menschen dazu bringen, etwas zu tun, was er gar nicht tun will und normalerweise auch nicht tun würde, und zwar so, dass er es gar nicht merkt? Ein glücklicher Konsument ist einer, der in der Illusion lebt, all seine Kaufentscheidungen ohne jede Beeinflussung von außen zu treffen. Und was für den privaten Konsum gilt, das gilt natürlich auch für alle anderen Bereiche des gesellschaftlichen Lebens. Und deshalb hat die Bundesregierung jetzt ein Expertenteam aus der Verhaltens-forschung angestellt, das uns Bürger dazu bringen soll, vernünftig – also im Sinne der Regierung – zu handeln, ohne uns zu bevormunden. Beim Energiesparen oder beim Steuerzahlen oder bei der Gesundheitsvorsorge.

Damit folgt sie dem Beispiel von 136 Staaten dieser Welt, in denen das Nudging bereits systematisch angewandt wird. Irgendwann kommt der Zeitpunkt, da werden wir nur noch durchs Leben gestupst und geschubst, weil wir angeblich einfach zu doof sind, von alleine vernünftige Entscheidungen zu treffen. Oder wie es der Apple-Grün-der Steve Jobs auf den Punkt bringt: „Es ist nicht die Auf-gabe des Konsumenten, zu wissen, was er will."

Was für ein Albtraum! Kann mich mal jemand schubsen?

23. März 2015

Wie viele Menschen nehmen mehr oder weniger regelmäßig irgendwelche Substanzen, um ihre persönliche Leistungsfähigkeit am Arbeitsplatz zu optimieren?

Und damit meine ich jetzt nicht das Kännchen Kaffee für den kleinen Anschub zwischendurch oder das Esslöffelchen Baldrianextrakt in der Verschnaufpause nach dem Termin beim Vorgesetzten, nein, ich spreche hier von den verschreibungspflichtigen Chemiemixturen, bei denen die Liste der Risiken und Nebenwirkungen in etwa so lang ist wie der Weg aus den Niederungen des gewöhnlichen Angestellten hinauf in die luftigen Höhen der Chefetage.

Also: Wie viele sind es, die aus lauter Verzweiflung über die eigene Unzulänglichkeit das sogenannte pharmakologische Neuro-Enhancement, auch bekannt als Hirndoping, betreiben? 500 000? Eine Million? Weit gefehlt! Sage und schreibe fünf Millionen Beschäftigte greifen hin und immer wieder öfter in die prall gefüllte Hausapotheke und bedienen sich in der Abteilung für die leistungssteigernden und stimmungsaufhellenden Präparate. Diese Zahl hat jetzt die Krankenkasse DAK in ihrem Gesundheitsreport 2015 veröffentlicht.

Dabei unterscheiden die Autoren zwischen vier Gruppen von Medikamenten für das Hirndoping am Arbeitsplatz. Erstens die Stimulanzen zur Verbesserung der Konzentration und Wachheit. Zweitens die Antidementiva für die Erhöhung der Gedächtnisleistung. Drittens die Antidepressiva zwecks Überwindung von Unsicherheit und

Schüchternheit. Und viertens die Betablocker zum Blocken von Stress, Nervosität und Lampenfieber.

Wenn der Arbeitskollege am Schreibtisch gegenüber heute mal wieder hellwach, supergut gelaunt und hypermotiviert aus allen Leistungsgrenzen platzt, dann kann es durchaus sein, dass er sich noch vor dem Frühstück erst einmal einen Medikamentencocktail in den Kopf gehauen hat. Und dann rein ins Hamsterrad und auf Vollspeed durchgestartet, bis die Speichen glühen!

Wenn ich mir vorstelle, dass von den fünf Millionen Zugeknallten nur 100 000 einen Job haben, der sie zwingt, einen Großteil ihrer Arbeitszeit im Auto zu verbringen, dann wird mir als Verkehrsteilnehmer angst und bange. 100 000 Kamikazepiloten, die bis in die Haarspitzen zu sind mit bewusstseinsverändernden Substanzen aller Art mit Vollgas auf der Überholspur – da heißt es: Rette sich, wer kann. Apropos, die Studie der DAK sagt auch, dass mindestens zehn Prozent der Menschen, die bislang auf die Einnahme von leistungssteigernden Arzneimitteln verzichtet haben, durchaus bereit wären, sich gegebenenfalls den trägen Schädel mit der großen Chemokeule wach zu prügeln.

All denen möchte ich zurufen: „Lassen Sie die Finger von dem Dreck. Es bringt nichts außer schweren Folgen für den Kreislauf und sämtliche Organe. Vom Chaos in der Birne ganz zu schweigen. Leistung optimiert – Gesundheit ruiniert! Das eine kurzfristig, das andere auf Dauer."

So, und wie wär's jetzt mit einem Tässchen Kaffee?

30. März 2015

Was macht eigentlich der Adolf Andreas Meyer?

Wie? Kennen Sie nicht? Natürlich kennen Sie den, den kennt doch jeder. In Deutschland, in Österreich und in der Schweiz.

Ich geb Ihnen mal als Tipp ein paar Herzklopfzeichen: Wer war und ist dafür verantwortlich, dass die Mama Domenica den Fischern von San Juan südlich von Napoli bei jedem Auslaufen ein herzzerreißendes „Adios Amor" hinterherschmachtet? Na? Ist der Groschen gefallen? „Portolina", „Bella Piccolina", „Komm setz di auf an Sonnenstrahl"? Na also, jetzt haben Sie es. Andy Borg, der mit richtigem Namen Adolf Andreas Meyer heißt und der am Samstagabend zum vorletzten Mal den Musikantenstadl im Ersten moderiert hat. Bye-bye, Borg, auf Nimmerwiedersehen!

Übrigens heißt der Mann nicht so, wie er in Wirklichkeit heißt, weil man es als Adolf Andreas Meyer im Showgeschäft allerhöchstens zum Bühnenaufbauhelfer, aber niemals zum Bühnenstar bringt. Das ist wie damals bei Ludwig Franz Hirtreiter, Gerhard Höllerich oder Doris Inge Wegener. Kennt kein Mensch, aber bei Rex Gildo, Roy Black und Manuela, da klingen die Ohren. Zumindest die älteren. Und genau da liegt der Hase im Pfeffer, oder wie es Andy Borg singen würde: „Da wird der traurige Schlawiner zum Mann für schlechtes Wetter." Andy Borg, der seit Jahrzehnten die Herzen von Millionen Menschen im Dreivierteltakt schlagen lässt, ist zu alt. Fürs Erste deutsche Fernsehen und seinen Musikantenstadl.

Dabei ist der Andy gerad mal 54. Das ist deutlich jünger als die Mehrheit der Stadl-Fans, von den dort gedudelten Melodien und Texten mal ganz zu schweigen. Und darum geht's: um ein Konzept der Programmverantwortlichen zur systematischen Entstaubung des Formats „Musikantenstadl" mit dem Ziel einer nachhaltigen Zuschauerverjüngung. Arbeitstitel: „Stadl Zwei Punkt Null".

Normalerweise bin ich ja doch eher zurückhaltend mit Kritik an den öffentlich-rechtlichen Rundfunk- und Fernsehanstalten, aber hier muss ich dem Andy Borg recht geben, wenn er sagt: „‚Stadl Zwei Punkt Null' das ist, als würde man ein brandneues Betriebssystem in einen Commodore 64 einbauen."

Aber angeblich existiert in Sachen Stadl ein extremer Handlungsdruck wegen der schlechten Einschaltquoten. Nur noch vier Millionen Zuschauer schalten ein, wenn im Ersten zum Jodeldudel geschunkelt wird. Na und? Bei „Deutschland sucht die singende Superwurst" auf RTL sind es auch nicht viel mehr. Und der Bohlen ist sechs Jahre älter als der Borg.

Und deshalb hat mich der Rauswurf von Andy Borg so getroffen. Ich bin nämlich genauso alt wie der Bohlen, das heißt, in meinem Alter könnte ich nicht einmal mehr der Stadl-Nachfolger von Andy Borg werden.

Schöne Aussichten: Kaffeefahrt – ich komme!

20. April 2015
Wie kommen eigentlich neue Ideen in den Kopf?

Ich frage das, weil ich in dieser Beziehung gerade eine schier unauflösbare Barrikade in eben diesem Kopf habe. Sie müssen sich das so vorstellen: Ich hocke gestern Vormittag am Schreibtisch, bin auf der Suche nach einem mehr oder weniger amüsanten Thema für die Montagsfrage, und egal in welche Richtung ich auch denke, ich habe immer dasselbe Bild im Kopf – 700 Flüchtlinge auf einem 30 Meter langen Boot im Mittelmeer vor der libyschen Küste. Nachdem sie bereits mehrere Notrufe abgesetzt haben, nähert sich ein portugiesischer Frachter. Die Flüchtlinge – in der Hoffnung auf Rettung – bewegen sich auf die Seite, aus der sich der Frachter nähert. Wegen der einseitigen Belastung kentert ihr Schiff und vor den Augen der hilflosen Frachterbesatzung ersaufen 700 Männer, Frauen und Kinder jämmerlich im Meer.

Tja, und ich sitze vor dem Computer, starre auf den Live-Ticker und suche in der Leere meines Kopfes nach einem klaren Gedanken für die heutige Montagsfrage. Ergebnis: keine einzige Frage nirgends!

Da fällt mein Blick plötzlich auf die Rubrik „Wissenschaft" und ich lese die Überschrift: „Wie kommen neue Ideen in den Kopf?". Natürlich klicke ich auf den Button „Mehr lesen" und fliege über den dazugehörenden Artikel. Völlig absurd! Wissenschaftler der Universität Nijmwegen haben eine Videobrille entwickelt, Kostenpunkt 30 000 Euro, deren Benutzung die Denkstrukturen des Nutzers angeblich systematisch auflockert und so das Gehirn nötigt, neu zu denken, um sich einen Reim auf ungewöhnliche Erfahrungen zu machen.

Da wandelt der Bebrillte zum Beispiel durch die Simulation einer Universitätskantine, in der plötzlich die verrücktesten Sachen passieren. Ein rotes Spielzeugauto fährt über einen Holztisch in Richtung einer grünen Limonadenflasche und stößt sie vom Tisch. Der Brillenträger will sie auffangen, die Flasche jedoch fällt nicht zu Boden, sondern steigt in die Luft wie ein Fesselballon und stößt schließlich an die Decke, wo sie hängen bleibt.

Diese vom Computer simulierte Simulation nennen die Wissenschaftler „Schemaverstoß", und der funktioniert so: Wer sich in die skurrile Kantine begibt, wird wiederholt mit sogenannten schemaschockierenden Erlebnissen konfrontiert, die dann günstige Auswirkungen auf das kreative Denken mit sich bringen. Dieses verläuft nach dem digitalen Kantinenbesuch in unterschiedliche Richtungen und wird flexibler.

Resümee: Die Wissenschaft hat festgestellt, dass Jägermeister Schnaps enthält. Hochinteressant!

Ich bin dann zurück auf die Startseite. Da stand immer noch die Schlagzeile: „Vermutlich schlimmste Tragödie auf dem Mittelmeer".

Das ist zwar schockierend, passt aber ins Schema.

Kein Grund umzudenken!

27. April 2015

Waren Sie eigentlich auch dabei, als am vergangenen Freitag in Helsinki der Riesenjackpot im Eurolotto ausgespielt wurde?

Und haben Sie gewonnen? 62 Millionen Euro auf einen einzigen günstigen Schlag des Schicksals? Das wäre es gewesen. War es aber wahrscheinlich nicht.

Und das hat seinen Grund in eben dieser Wahrscheinlichkeit. Die lag für den ultimativen Eurolottojackpotknacker bei eins zu 95 Millionen. Eher finden Sie mit geschlossenen Augen zwei rot gefärbte Grashalme auf einem riesigen Fußballfeld, als dass Sie diesen Coup landen.

Oder Sie legen 95 Millionen Tennisbälle in eine Reihe. Das entspricht ungefähr 3814 Kilometern, also quasi der Entfernung zwischen Litauens Hauptstadt Vilnius und der spanischen Stadt Málaga. Und auf einem dieser 95 Millionen Tennisbälle zwischen Ostsee- und Mittelmeerküste steht Ihr Name. Die Wahrscheinlichkeit, dass eine auf Zufall programmierte Maschine genau dieses Bällchen auswählt, ist genauso groß wie die, den Jackpot vom Freitag zu knacken.

Dieser für Lottoglücksritter eher frustrierende Vergleich stammt von Norbert Herrmann. Der ist Mathematiker und Lottoexperte. Ich wusste gar nicht, dass es so etwas gibt, aber heutzutage gibt es ja Experten für alles. Für Terror, für laktosefreie Ernährung, für automobilfreie Fortbewegung – warum nicht auch fürs Lotto. Schließlich tragen Woche für Woche Millionen Glücksspieler ihre mühsam verdiente Kohle in die Lottoannahmestellen, ohne den

Hauch einer Chance auf einen Gewinn über 7 Euro 50.

Da ist es durchaus verständlich, wenn es hochqualifizierte Experten gibt, die zu erklären versuchen, warum so viele Menschen auf eine so sinnlose Art und Weise ihr Geld pulverisieren. Wie der Verhaltensökonom Peter Mohr von der Freien Universität Berlin. Der hat herausgefunden, dass der gewöhnliche Lottospieler gar nicht wissen will, wie hoch die Wahrscheinlichkeit für einen Gewinn ist. Er guckt nur auf den Betrag, der zu gewinnen ist.

Das heißt, wenn die Lottogesellschaft behaupten würde, es wären nächsten Samstag 148 Millionen Euro im Jackpot, dann würden genauso viele Menschen einen Lottoschein abgeben, selbst wenn überhaupt gar keine Ziehung stattfinden würde, die Gewinnwahrscheinlichkeit also bei null läge.

Wie sagt der Experte von der Verhaltensökonomie? „Vielleicht ist es vernünftig, unvernünftig zu sein. Die Leute wollen einfach Spaß haben, wenn sie den Schein ausfüllen."

Schöner Spaß. Ich schmeiß 5 Euro in den Gully und hoffe darauf, dass sie zuhause millionenfach aus dem Wasserhahn wieder rauskommen.

Aber wie lautet die goldene Regel aller Gewohnheitstipper: Wer nicht spielt, der kann auch nicht gewinnen. Und wer nicht verlieren kann, der soll gar nicht erst spielen.

Übrigens: Übermorgen können Sie beim Mittwochslotto wieder sieben Millionen nicht gewinnen.

Viel Spaß beim Mitspielen!

11. Mai 2015
Was braucht Deutschland, damit ein möglichst großer Teil seiner Bewohner auch in Zukunft ein möglichst angenehmes, weil sorgenfreies Leben führen kann?

Nun, da gibt es durchaus verschiedene Antworten. Da sind zum Beispiel die globalen Strategen, die meinen, Deutschland brauche in vorderster Linie mehr und vor allem einwandfrei funktionierendes Kriegsgerät. Also Hubschrauber, die fliegen, Schnellfeuergewehre, die treffen, Panzer, die rollen, Drohnen, die unbemannt steuern, und was es da sonst noch so alles gibt auf dem Markt der todbringenden Monstrositäten. Schließlich müsse eine Wirtschaftssupermacht wie Deutschland in Zukunft ganz vorne mit dabei sein, wenn irgendwo auf der Welt gekämpft wird. Für die Freiheit, für den Westen oder für den freien Zugang zu Bodenschätzen aller Art.

Andere wiederum denken in engeren Grenzen und fordern einen massiven Ausbau der maroden Infrastruktur im Innern des Landes. Mehr Straßen für noch mehr Autos, größere Flughäfen für noch größere Kerosinschleudern und effizientere Internetverbindungen für noch effizientere Sammlungen von Datenvorräten.

Und dann gibt es da natürlich noch die Forderungen nach mehr Ökostrom, mehr Parkplätzen in den Innenstädten, mehr Finanzausgleich, mehr Binnennachfrage, mehr Freilauf für Nutztiere, mehr Qualität im Fernsehen, mehr Wohnraum, mehr Radwege, mehr Braunkohle.

Und? Hab ich was vergessen? Ach ja! Mehr Geld für mehr Mitarbeiter und Mitarbeiterinnen im öffentlichen Sozial-

und Erziehungsdienst. Davon gibt es rund 240 000 in Deutschland. Unterbezahlt, überfordert und permanent an der Grenze ihrer physischen und psychischen Möglichkeiten. Und deshalb streiken sie!

Heute bleibt die Kita dicht, denn wie es ist, so läuft das nicht!

Super! Hoch geschätzte Erzieherinnen und Erzieher, die ihr gerade in den Innenstädten für eure gute, gerechte und notwendige Sache demonstriert: Bitte tut mir und allen anderen Bewohnern dieses Landes den Gefallen und haut dem Tarifpartner die Schlabberlätzchen um die Ohren, bis er Bauklötze staunt. Ihr habt deutlich mehr verdient, als ihr verdient, denn ihr seid es, die tagtäglich Deutschlands Zukunft wickeln, füttern und genauso aufopferungs- wie liebevoll umsorgen.

Und wenn die Arbeitgeber fragen, wer das bezahlen soll, dann hätte ich da durchaus ein paar Vorschläge. Wie wäre es mit ein paar Prozentpünktchen Zukunftssteuer auf die Billionen, die in den nächsten Jahren vererbt werden? Oder ein kleiner Solidaritätszuschlag für alle Besserver- dienenden, die wie ich keine Kinder haben?

In der vorigen Woche hat der Bundesfinanzminister ange- kündigt, die kalte Progression abzubauen und so die Steu- erzahler im nächsten Jahr um 1,5 Milliarden Euro zu ent- lasten. Wenn Sie mich fragen: Braucht kein Mensch. Was gebraucht wird, sind angemessen bezahlte Fachkräfte für die Erziehung der Kinder mit ordentlichen Arbeitsbedin- gungen. Richtig gutes Geld für richtig gute Arbeit. Zahlt sich übrigens auch aus. In Zukunft!

1. Juni 2015

Was ist die sicherste Methode, aus einem dicken Batzen Geld einen noch dickeren Batzen zu machen?

Nehmen wir mal an, Sie gehören zu den 7,7 Millionen Deutschen, die bis zum Jahr 2020 in den Genuss einer Erbschaft kommen. Da geht es immerhin um 2,6 Billionen Euro, das heißt, Sie dürfen sich als Erbe jetzt schon auf einen schönen, warmen Geldregen freuen. Sagen wir mal 500 000 Euro.

Aber wohin mit der Kohle? Sparbuch können Sie wegen der Minuszinsen genauso vergessen wie das Festgeldkonto. Immobilien sind zu teuer und was die Aktien- und Finanzmärkte betrifft, so weiß heute zwar noch keiner, wann diese ganze künstlich aufgepumpte Blase platzt. Aber dass sie das irgendwann tut, ist so sicher wie das Amen in der Kirche.

Also, wenn Sie wirklich sicher sein wollen, dass sich Ihr Geld auch in den nächsten hundert Jahren kontinuierlich vermehrt, dann machen Sie Folgendes: Nehmen Sie die 500 000 und kaufen Sie sich eine kleine unbewohnte Insel. Am besten in einer der Regionen der Welt, die mittelfristig vom Anstieg des Meeresspiegels betroffen sind, denn da sind die Preise gerade so richtig im Keller beziehungsweise unter Wasser. Also, Sie kaufen sich ein kleines Inselchen und geben ihm einen Namen. Sagen wir Tipp-Kick-Island. Dann rufen Sie die Monarchie aus und krönen sich selber zum König. Anschließend gründen Sie einen Verband, einen nationalen Fußballverband. Mit dem werden Sie Mitglied bei der FIFA. Wenn Ihre Insel zu klein ist für einen Fußballplatz, macht nichts, dann stellen Sie eben einen Kicker auf und lassen einmal im Jahr eine Kreisligamannschaft aus Mecklenburg-Vorpommern einfliegen, die an diesem Tischfußballgerät den nationalen Meister ermittelt.

Oder glauben Sie etwa, solche offiziellen FIFA-Mitglieder wie Tonga, Aruba oder Vanuatu hätten einen ordentlichen Ligabetrieb? Wie soll der funktionieren bei nur 18 000 Einwohnern?

Darum geht es aber auch gar nicht. Sondern es geht um die Stimme in den Entscheidungsgremien der FIFA. Und die ist zum Beispiel im Fall von Aruba genauso viel wert wie die Stimme der Deutschen. Das macht sie so wertvoll für Ihre private Geldvermehrung. Denn dann müssen Sie als offizieller Vertreter des nationalen Fußballverbands von Tipp-Kick-Island nur noch zu den wichtigen Versammlungen der FIFA, auf denen die Vorstände gewählt oder die WM-Austragungsstätten bestimmt werden. Tja, und da müssen Sie dann eigentlich nur noch die Hand aufhalten. Oder am besten beide Hände. So eine Stimme ist schon ein paar Hunderttausend Euro wert.

Als Nächstes gründen Sie dann ein Komitee. Ein olympisches. Da gilt im Prinzip dieselbe Regel wie beim Fußball: Dabei sein ist alles!

8. Juni 2015

Wer war der große Häuptling der Indianer, der in der vergangenen Woche von uns gegangen ist?

Das Herz eures weißen Bruders ist schwer von großer Trauer und sein Mundwerk wie gelähmt von Fassungslosigkeit und deshalb lautet die Montagsfrage: „Wer war der große Häuptling der Indianer, der in der vergangenen Woche von uns gegangen ist?"
Nein, es war nicht Häuptling Krummer Hund vom Stamme Nimm, der mit Schimpf und Schande vertrieben nach Jahrzehnten der Despotie seinen protzigen Wigwam in Zürich räumen musste. Und es war auch nicht Häuptling Flotte Zunge, der angekündigt hat, nach Ablauf von sechs Monden seinen Platz im großen Sonntagsabendpalaver freiwillig zu verlassen. Nein, der große Häuptling, der seine weißen, roten, schwarzen und gelben Stammeskrieger für immer allein gelassen hat, war Winnetou, ruhmreicher Sohn des Intschu tschuna und treusorgender Bruder von Nscho-Tschi. Der schöne Tag hat sein fröhliches Lachen verloren und die gute Sonne geht unter in ewiger Finsternis.
Winnetou ist tot. Der stolze Häuptling der Apatschen, der eine halbe Ewigkeit auf dem Rücken seines Pferdes Iltschi die Silberbüchse durch die Prärie getragen hat, Seit' an Seit' mit seinem Blutsbruder, dem Bärentöter Old Shatterhand. Hatatitla und Iltschi, Blitz und Wind, so ritten die beiden durch die exjugoslawischen Jagdgründe, und wenn sie am Abend ihre gegrillten Bärentatzen verspachtelt hatten, dann sang Winnetou am Lagerfeuer die herzzerreißenden Lieder der Prärie.

„Mehr als alles kann man nicht geben", „Wenn Männer träumen" und „Ich steh allein", das waren die uralten indianischen Weisen, deren Melodien Millionen Menschen Trost, Kraft und Zuversicht spendeten. Wenn ich mich nicht irre, hihihi.

Was sind die sieben Häuptlinge, die sich gerade in den bayerischen Bergen verschanzen, doch für geistig-moralische Plattfußindianer und kalte Friedenspfeifen verglichen mit Winnetou, der zeitlebens für das Gute und gegen das Böse über die Leinwände dieser Welt galoppiert ist.

Nein, der Häuptling der Apatschen brauchte kein Heer von schwer bewaffneten Kriegern, die ihn vor seinen Stammesmitgliedern beschützten. Er brauchte keine gepanzerten Limousinen, keine Leibwächter und keine Protokollchefs. Und vor allem brauchte er keine Luxussuiten in sündhaft teuren Hochsicherheitstrakten. Der Häuptling aller Häuptlinge hat sein bescheidenes Tipi aufgeschlagen in der Mitte seiner Brüder und Schwestern, und er hat auf dem gleichen harten Boden geschlafen wie die gewöhnlichen Angehörigen seines Stammes.

Winnetou, der sich nicht zu schade war, Jahr für Jahr in der Hölle von Bad Segeberg umringt von dilettantischen Kleindarstellern seinen Anhängern das zu geben, was seine Anhänger von ihm wollten: ein leuchtendes Beispiel für den wilden Stolz des stolzen Wilden. Ehrlich, gerecht und mit beiden Mokassins fest auf dem Boden der Menschlichkeit. Jetzt ist er eingekehrt in die ewigen Jagdgründe. Der ewige Winnetou. Wir werden ihn nie vergessen. Howgh, ich habe gesprochen.

Montagsfragen

2014

27. Januar 2014

Was macht eigentlich das einstmals so stolze und über jede Kritik erhabene Männergeschlecht?

Nun, es befindet sich in der größten Sinn- und Identitätskrise, seit es der Herrgott nach seinem Ebenbild erschaffen hat. Die Krone der Natur, der in den letzten Jahren schon so einige Zacken weggebrochen sind, ist endgültig reif für die Abfalltonne. Wohin das vorbildsuchende Auge auch blickt, nur noch Watschenmänner, Pflaumenauguste und Witzfiguren. Von Boris Becker über Mola Adebisi bis hin zu Markus Lanz, da, wo früher tapfere Recken mit Schwellbrust und Sixpack unerschrocken an der Spitze der siegreichen Mannschaft marschierten, da dackeln heute nur noch ein paar abgehalfterte Trauergestalten orientierungslos durch die Landschaft und präsentieren ihre Männlichkeit wie einst der nackte Kaiser seine neuen Kleider.

Zum Beispiel die Wettkandidaten am Samstagabend bei „Wetten, dass..?". Früher, da kamen die tollkühnen Burschen mit Bulldozern und Baggern und zeigten dem ehrfürchtig staunenden Fernsehvolk, wozu so ein echter Testosteron-Bomber in der Lage ist. Heute wirft der eine mit leeren Plastikflaschen auf einen Pfandautomaten und der andere hüpft mit einem Bein auf einer Leiter rum, um Glühbirnen auszutauschen. Beim nächsten Mal werden sie wahrscheinlich um die Wette bügeln oder 30 verschiedene Weichspüler am Geschmack erkennen.

Aber die Herren der Schöpfung haben es zurzeit auch wirklich schwer. Da bläst ihnen ein eisiger Gegenwind in die fassungslosen Gesichter, gegen den ist der Shitstorm des Markus Lanz ein laues Lüftchen. Denn was waren seit Ewigkeiten die drei Säulen, auf denen das maskuline Selbstbewusstsein in sich selber ruhte? Genau! Fußball, Bier und ein Haufen PS unter der Motorhaube. Und diese einst so ehernen Säulen bröckeln wie der Buntsandstein auf Helgoland.

König Fußball entpuppt sich als korrupter Despot, der wie in Katar bei der Verwirklichung seiner größenwahnsinnigen Pläne über Leichen geht, und der Kampf um die deutsche Meisterschaft ist in dieser Saison in etwa so spannend wie der Gummistiefelweitwurf in Ostfriesland.

Das deutsche Bier – einstmals der Inbegriff der Reinheit und der verflüssigten Mannhaftigkeit –, verseucht von Legionellen und verhökert von gierigen Brauereikartellen, die dem braven Zecher in den Gerstensaft spucken und ihm mit illegalen Preisabsprachen die Kohle aus der Tasche leiern.

Tja, und das mit den PS unter der Haube hat sich auch erledigt, seit der ADAC das Urvertrauen auf vier Rädern nachhaltig erschüttert hat. Die Statistiken gefälscht, die Pannenberichte manipuliert, und wenn heute ein gelber Hubschrauber durch die Luft knattert, dann bringt er nicht die Engel zum Rettungseinsatz, sondern den ADAC-Präsidenten ins Fünf-Sterne-Hotel.

Was für ein Elend: das Auto schrott, der Ball platt, das Bier schal. Und was macht der deutsche Mann? Er radelt frustriert mit dem Citybike in die Federballhalle, wo er nach einem gemischten Doppel eine alkoholfreie Weißweinschorle schlürft. Und danach geht's zum Friseur: Augenbrauen zupfen.

10. März 2014

Was macht eigentlich ein Körpersprachwissenschaftler?

Nun, wie die Berufsbezeichnung schon erahnen lässt, beschäftigt sich ein Körpersprachwissenschaftler mit der Körpersprache. Und zwar wissenschaftlich. Das heißt, er beobachtet die verschiedenen Fehlhaltungen, Zuckungen und gestischen Entgleisungen eines Körpers, um diese dann zu dechiffrieren und interpretieren.

Das Studium der Körpersprachwissenschaften ist zum Beispiel eine wesentliche Voraussetzung für eine erfolgreiche Karriere als Fußballkommentator. Da müssen Sie schon beim Einlaufen der Mannschaften erkennen können, ob die Spieler von unbändigem Siegeswillen angetrieben werden oder ob sie sich aus Angst vor dem Gegner noch vor dem Anpfiff in die kurzen Hosen machen. Stolzgeschwellte Brust oder schlotternde Knie, hocherhobene Häupter oder demütig gesenkte Blicke, siegessicher geballte Fäuste oder nervös verschwitzte Zitterfinger – zeig mir deinen Körper und ich sag dir, was du denkst. Also, das sage dann nicht ich, sondern die Körperwissenschaftler. Denen reicht ein Blick auf das körperliche Gesamtbild eines Menschen, und schon können sie tief hineinschauen in die Abgründe seines Gehirns und die darin ablaufenden Prozesse zur Entscheidungsfindung.

Und deshalb haben die Amerikaner jetzt die besten Vertreter dieser allwissenden Zunft auf den russischen Präsidenten Wladimir Putin angesetzt. Die haben sich dann sofort die Aufzeichnung einer Pressekonferenz des Kremlherrschers besorgt, um zu analysieren, was der Präsidenten rein körpersprachlich so alles von sich gegeben hat. Und das war nicht einfach. Denn was die Körperlichkeit angeht, gehört der Wladimir doch eher zu den vertikal Herausgeforderten, das heißt, er ist nicht so groß. Da muss man schon genau hinschauen.

Aber dafür hat so ein Körpersprachwissenschaftler schließlich die Körpersprachwissenschaft studiert. Dem entgeht nichts. Wann verändert Putin, betont cool mit gespreizten Beinen in seinen Stuhl gelümmelt, die Kopfhaltung und mit welchen Blicken reagiert er auf kritische Fragen? Kratzt er sich hin und wieder mal hinterm Ohr oder knibbelt er an den Fingernägeln? Und was macht er mit dem Knie? Da können die kleinsten Bewegungen, die für uns Laien in der Regel gar nicht sichtbar sind, Auskunft geben über die seelische Befindlichkeit des Mannes, der normalerweise daherkommt wie eine Mischung aus Rambo und Lederstrumpf.

So beobachteten die Wissenschaftler eine ungewöhnlich hohe Zahl schneller und ruckartiger Kopfbewegungen, ein eindeutiges Zeichen für Ängstlichkeit. Ähnlich wie das häufige und hektische Lecken der Lippen. Gleichzeitig allerdings signalisierte die Geschwindigkeit seines Lidschlags, nämlich 42-mal in der Minute, ein ausgeprägtes Maß an Selbstbeherrschung, während mehrfaches Stirnrunzeln und die häufige Entblößung der unteren Zahnreihen die Beobachter auf wachsenden Zorn und steigende Ungeduld schließen ließen.

Kurzum: Die Körpersprache des Präsidenten war genauso widersprüchlich wie das, was er in der Pressekonferenz verbal von sich gegeben hat.

Super: Die Wissenschaft hat festgestellt, dass echter Wodka Schnaps enthält.

Würde sagen: Da muss man erst mal drauf kommen.

28. April 2014
Wie viele Mitglieder hat die katholische Gemeinschaft der Heiligen?

Es gibt da zwar eine offizielle Liste der zuständigen vatikanischen Behörden, das „Martyrologium Romanum", aber diese Liste beruht letztendlich nur auf Schätzungen. Die letzte ist aus dem Jahre 2004 und danach gibt es circa 6650 Heilige und Selige, aber so ganz genau weiß das niemand. Was man allerdings mit Sicherheit weiß, ist, dass es seit gestern zwei neue Namen auf dieser Liste gibt: den heiligen Paul und den heiligen Johannes.

Was war das für ein Spektakel! Da haben alle gedacht, mit dem Amtsantritt von Franziskus dem Bescheidenen wäre endgültig Schluss mit den pompösen Selbstinszenierungen der katholischen Kirche, aber von wegen. Was da gestern in Rom abging, das war vatikanisches Blockbusterkino vom Allerfeinsten. 150 Kardinäle, 1000 Bischöfe und 6000 Priester im Hochamtsornat waren vor Ort dabei, als gleich zwei lebende Päpste gleich zwei verstorbenen Amtsvorgängern die offiziellen Heiligenscheine ausstellten.

Aber war das wirklich nötig? Die beiden waren doch schon zu Lebzeiten Stellvertreter des Allmächtigen auf Erden, das heißt, sie waren nicht nur unfehlbar, sondern hatten auch den kürzesten Draht, den man als Mensch zu seinem Schöpfer haben kann. Das reicht doch vollkommen, um sie für den gewöhnlichen Gläubigen zu anbetungswürdigen Vorbildern zu machen. Die muss man doch nicht auch noch posthum heiligsprechen. Schließlich hat man als Heiliger eine ganze Menge Verpflichtungen. Und zwar bis in alle Ewigkeit. Da ist es mit der Ruhe in Frieden ein für alle Mal vorbei.

Zum Beispiel der heilige Ulrich von Augsburg. Das ist der, dessen Karfreitagsrinderbraten in letzter Sekunde in einen Fisch verwandelt wurde. Der ist seit mehreren Hundert Jahren Schutzpatron der Reisenden, der Wanderer, der Fischer, der Weber, der Winzer und der Sterbenden. Der wird angerufen bei einer schweren Geburt und bei hohem Fieber. Bei allgemeiner Körperschwäche, Tobsucht und Tollwut. Bei Ratten- und Mäuseplagen, Wassergefahren und Überschwemmungen. Ja, der heilige Mann hat doch keine ruhige Minute auf seiner Wolke im Himmel. Und alles nur wegen der wundersamen Fischverwandlung.

Und so wird es wahrscheinlich auch den beiden Neuheiligen gehen. Nehmen wir den heiligen Paul. Der kriegt ab sofort rund um die Uhr Anrufe von allen unheilbar Kranken dieser Welt, weil er damals die Floribeth Mora Díaz von ihrer tödlichen Gefäßerkrankung geheilt hat. Die saß in Costa Rica vor dem Fernseher, hat sein Bild auf der Mattscheibe gesehen und dann hat sie seine Stimme gehört: Stehe auf! Habe keine Angst! Und zack, die Floribeth stand auf, und das Aneurysma war weg, was kein Experte erklären konnte.

War aber auch nicht nötig. Denn bei allem Heiligen gilt der uralte katholische Grundsatz: Wer's glaubt, wird selig!

12. Mai 2014

Habe ich eigentlich noch alle Tassen im Schrank?

Ich frag mich das schon mal öfter und dann zähle ich zur Sicherheit mehrmals durch. Wie zum Beispiel am vergangenen Samstag, als ich in einer durchaus seriösen Tageszeitung plötzlich die Schlagzeilen las: „Bärtige Wurst trifft Freiheitskämpferin im Hamsterrad. Politik übertönt leichte Muse". Da habe ich für einen kleinen Moment ernsthaft an der Vollständigkeit meines persönlichen Tassenschranks gezweifelt. War ich jetzt verblödet oder hatte es in der Oberstube des verantwortlichen Zeitungsredakteurs einen heftigen Hagelschlag gegeben?
Aber dann habe ich gesehen, worum es eigentlich ging. Nämlich um den Eurovision Song Contest in Kopenhagen. Und der sei in diesem Jahr angesichts der Krise in der Ukraine politisch aufgeladen gewesen wie nie zuvor. Die alljährliche Schlagerparade der Hüpfdohlen und Grunzbojare wurde da hochgejazzt zu einem Sängerkrieg zwischen Gut und Böse. Auf der Seite der Guten Maria Yaremchuk mit „Tick Tock", bei deren Auftritt nach eigenen Angaben 46 Millionen Ukrainer mit auf der Bühne standen, und das, obwohl das Reglement maximal sieben Beteiligte erlaubt. Auf der Seite des Bösen die strunzblonden Tolmachevy Sisters aus Russland, bei deren Performance sich niemand gewundert hätte, wenn Wladimir Putin höchstpersönlich mit freiem Oberkörper durchs Bild marschiert wäre.
Der berühmte ukrainische Politiker Vitali Klitschko, der in seinem Leben bekanntlich des Öfteren mal heftigst einen vor die Glocke bekommen hat, forderte in der Bild-

Zeitung alle freiheitsliebenden Europäer auf, die russischen Zwillinge des Teufels zu boykottieren und stattdessen der braven Maria Yaremchuk und ihrem „Tick Tock" die Stimme zu geben.

Hat aber bekanntlich nicht viel genützt und die Maria landete mitsamt ihren 46 Millionen Statisten abgeschlagen auf Plätzchen sechs, allerdings noch vor Pollapönk aus Island und Miss Molly aus Großbritannien. Gewonnen hat am Ende völlig zu Recht Tom Neuwirth aus Österreich, dessen Stimme genauso voll war wie sein Bart und dessen souveränen Sieg eine doofe deutsche Sonntagszeitung kommentierte mit der Überschrift: „Tolle Wurst. The Wiener takes it all".

Aber alles in allem war die ganze Veranstaltung dann doch eher ein Schnarchprogramm für Schlafwandler und Traumtänzer, oder wie es im Feuilleton einer großen süddeutschen Zeitung die kulturelle Edelfeder Harald Eggebrecht auf den intellektuellen Nullpunkt brachte, ich zitiere: „Nicht nur die schaumgebremste Klanglichkeit ermüdete auf die Dauer, sondern auch der Grundgestus aller Nummern, denen allen so etwas wie eine Überredungs- manchmal auch Überwältigungsaggressivität eigen war."

Anders ausgedrückt: „Bärtige Wurst trifft Freiheitskämpferin im Hamsterrad".

Da implodiert der Kulturbeutel und mir fällt vor Schreck eine Tasse aus dem Schrank.

Pollapönk – tick-tock!

11. August 2014

Wie hoch ist der Prozentsatz der Deutschen, die im Monat Juli mit der amtierenden Regierung rundum zufrieden waren?

Nun, laut ARD-Deutschlandtrend lag dieser Prozentsatz bei unglaublichen 59 Prozent! Das waren nicht nur sieben Prozent mehr als im Vormonat, nein, das war auch der höchste Zufriedenheitswert, der seit Erfindung des ARD-Deutschlandtrends jemals für eine Regierung gemessen wurde.

Also wenn Sie mich fragen, da hat doch einer dran gedreht. Wie neulich, als die ZDF-Zuschauer Deutschlands beste Frauen und Männer wählen sollten, und am Ende kam raus, dass die gesendeten Ergebnisse komplett gefälscht waren. Da wurde zum Beispiel Steffi Graf direkt hinter Angela Merkel als zweitbeste Frau Deutschlands präsentiert, obwohl sie beim Zuschauervoting irgendwo unter „ferner liefen" gelandet war. Aber weil die Steffi wohl relativ günstig für die Sendung zu kriegen war, hat man sie einfach nach oben geschummelt. Auf der anderen Seite wurde der RTL-Nachrichtenankermann Peter Klöppel nach ganz unten verschoben, wahrscheinlich, weil man beim ZDF kein Aushängeschild der Konkurrenz an den großen Klöppel hängen wollte. Da hat man dann lieber die üblichen Verdächtigen wie Schmidt, Genscher und Jauch auf die Spitzenplätze gehievt. Und natürlich den Beckenbauer, den Allzweck-Franz. Und dem eigentlich gewählten Peter Klöppel ging es wie dem Rhododendronpark im Ammerland. Der landete bei der Wahl der schönsten

Gärten und Parks des Nordens eigentlich auf Platz zehn, wurde aber ersetzt durch die Hamburger Planten und Blomen, weil der ausstrahlende Sender von den Planten und Blomen mehr Bilder im Archiv hatte.

Jetzt ist mir persönlich völlig schnuppe, was bei diesen obskuren Hitlisten im Fernsehen rauskommt. Die schönste Wandertrampelpfade der Lüneburger Heide, die erstaunlichsten Haufendörfer der Soester Börde oder die beliebtesten Talsperren der Mittelgebirge – die Ergebnisse sind für mich ähnlich interessant wie die Tabellen der Tischfußballkreisliga C. Aber dass der Wille der befragten Zuschauer im Endeffekt überhaupt nicht interessiert, gibt mir dann doch zu denken.

All die Votings und Rankings, all die Meinungsbilder und Stimmungstrends nur zusammengebastelt von organisierten Fälscherbanden? Und damit sind wir wieder bei den 59 Prozent der Deutschen, die im Juli angeblich mit der Arbeit der Regierung Merkel hochzufrieden waren. Wie kann das sein, wenn mehr als die Hälfte der aktuellen Regierungsmitglieder den meisten Menschen völlig unbekannt ist. Außerdem waren die meisten von denen im Juli doch in Urlaub, das heißt Arbeitsnachweis gleich null.

Aber vielleicht ist das ja der allerneueste unverfälschte Deutschlandtrend: dass die Menschen dann mit ihrer Regierung besonders zufrieden sind, wenn diese Regierung so wenig arbeitet wie möglich. Würde sagen: „Schönen Urlaub noch und am besten verlängern."

Ich wäre auf jeden Fall dafür. Aber mich fragt ja keiner.

25. August 2014
Was sind eigentlich Helikopter-Eltern?

Also nicht, dass Sie jetzt glauben, dieses skurrile Wortkonstrukt sei auf meinem eigenen sprachlichen Mist gewachsen, nein, der Begriff „Helikopter-Eltern" flattert bereits seit einigen Jahren durch den erziehungstheoretischen Luftraum.

Er bezeichnet die Art von Eltern, deren Erziehungsstil geprägt wird von ans Paranoide grenzender Überbehütung, das heißt, sie befinden sich möglichst immer in der Nähe ihrer Sprösslinge, um diese zu kontrollieren. In den eigenen vier Wänden, auf dem Schulweg, bei Sport, Spiel und sonstigem Vergnügen: Big mother ist watching you. Die Erziehungsberechtigten als kleinste Einheit des Überwachungsstaats.

Aber natürlich geht es dabei nicht um autoritäre Reglementierung der kleinen Scheißer, nein, die sollen sich natürlich ungehemmt und frei und unheimlich kreativ entwickeln. Worum es geht, das sind die Gefahren und Risiken, die diese Welt für die ahnungslosen Sprösslinge bereithält, vor denen sie durch die sorgenden Eltern beschützt werden müssen: ansteckende Krankheiten, schlechter, weil asozialer Umgang, die Infiltration mit liederlichem Gedankengut – wenn Sie heutzutage als Eltern nicht aufpassen wie die Schießhunde, dann haben die Kleinen ruck, zuck Läuse, Krätze oder Wind- und Wasserpocken, verkehren ungeschützt mit Komasäufern, Drogenabhängigen und anderen Hochleistungsverweigerern oder träumen plötzlich von einer Zukunft als Aussteiger, Berufsziel: Traumtänzer. Perspektive: Gosse.

Da heißt es, wachsam sein. Vorsicht ist die Mutter der Rappelkiste. Aber zum Glück haben die Kinder heutzutage ja alle Smartphones, das heißt, wenn Mama oder Papa mal ausnahmsweise nicht vor Ort sein können, rufen sie eben alle halbe Stunden an: „Wo bist du? Was machst du? Und was sind das für komische Geräusche im Hintergrund?"

Und für den Fall, dass der renitente Racker das Bimmeln der Helikopterbesatzung einfach ignoriert, gibt es jetzt eine neue App aus Amerika. Die heißt: „Ignore no more", was so viel heißt wie: „Nie wieder nicht drangehen", und funktioniert so: Wenn das Kind den elterlichen Anruf nicht annimmt, wird sein Handy automatisch mit einem Passwort gesperrt, also quasi komplett abgeschaltet. Der Internetzugang, die diversen Anruffunktionen, der SMS-Empfang und sämtliche Spiele. Kein Anschluss unter dieser Nummer. Man nennt es auch digitalen Stubenarrest. Und das ist für die Kinder des elektronischen Zeitalters die absolute Höchststrafe. Die sind doch ohne Smartphone völlig aufgeschmissen. Keine Navigation, kein Wetterbericht und vor allem kein Kontakt mehr zu den sozialen Netzwerken. Facebook, Twitter, WhatsApp – tote Hose auf allen Frequenzen.

Die einzige Nummer, die der Kontaktverweigerer noch anrufen kann, ist die von Mami oder Papi, um sich für sein aufsässiges Verhalten zu entschuldigen und sie um das erlösende Passwort zu bitten.

Denn: Vertrauen ist gut, Kontrolle ist besser. Umgekehrt wird ein Mensch draus.

115

20. Oktober 2014

Liebe Autofahrer, habt ihr eigentlich noch alle Oktane im Tank?

Oder anders formuliert: Wann wart ihr zum letzten Mal beim Idiotentest und wie kommt es, dass man euch hinterher nicht jede Teilnahme am Straßenverkehr untersagt hat? Sie merken schon, ich bin emotional ein wenig aufgewühlt, und das liegt daran, dass ich am vergangenen Wochenende gezwungen war, mehr als tausend Kilometer auf diversen deutschen Autobahnen zurückzulegen. Das waren insgesamt fast 20 Stunden, in denen ich mehrmals nur um Haaresbreite an der ganz großen Katastrophe vorbeigeschrammt bin.

Deshalb noch einmal meine Frage: „Liebe motorisierte Verkehrsteilnehmer und -innen, kann es sein, dass ihr den gesunden Menschenverstand bei Fahrtantritt irgendwo im Handschuhfach verstaut, um anschließend wie die gesenkten Borstenviecher loszubrettern und die Autobahnen in eine mehrspurige Todes- und Nahkampfzone zu verwandeln?"

Vor mir der trotzige Verkehrsflussblockierer, der die Überholspur mit dem Standstreifen verwechselt, hinter mir der wutschäumende Choleriker mit dem Nashornjägerauto, der kurz davor ist, mir seine Stoßstange in den Kofferraum zu rammen, und neben mir der völlig unberechenbare Blechbüchsenpilot, der jederzeit und ohne jedes Blinksignal die Spur wechselt.

Mensch, Leute, so eine moderne PS-strotzende Hochleistungsschleuder ist ein unberechenbares Risikovehikel, dessen falsche Handhabung ernsthafte Folgen für die Gesundheit aller Verkehrsteilnehmer haben kann.

Und ihr hockt in diesen Geschossen wie die Selbstfahrer auf der Kirmes. Das Lenkrad zwischen die Knie geklemmt, in der einen Hand das remouladetriefende Riesensandwich. In der anderen den glühend heißen Coffee to go und in der HiFi-Dolby-Surround-Anlage den wummernden Soundtrack zum Vollgastrip in die Hölle.

Ach ja, und alle Kommunikationsapparate sind natürlich auch eingeschaltet und werden pausenlos bedient. Da werden SMS geschrieben, E-Mails verschickt und die Mobiltelefone sind im Dauereinsatz. Ich habe Leute gesehen, die haben während der Fahrt Selfies von sich im Rückspiegel gemacht, um diese dann bei 140 Stundenkilometern zu posten und zu twittern.

Oder sie hatten so kleine Flachbildschirme hinters Lenkrad geklemmt, auf denen zwischen Köln und Hamburg sämtliche Folgen von „Kobra 11 – Die Autobahnpolizei" in 3-D liefen. Obwohl: Immer noch besser, als während der Fahrt Zeitung zu lesen. Bei so einem Computer muss man wenigstens nicht die Seiten umschlagen.

Aber Hauptsache, es geht voran und irgendwann kommt man auf jeden Fall an. Und sei es im Krankenhaus oder auf dem Friedhof.

Und die letzten Worte gehören dann dem Navi: Sie haben Ihr Ziel erreicht.

10. November 2014
Wie entsteht eigentlich ein Stau?

Ich habe da mal vor etwas längerer Zeit mit meinem siebten Sinn einen Bericht gesehen, da haben irgendwelche Stauforscher von irgendeinem Stauforschungsinstitut zwecks Erforschung dieser Frage ein Experiment am lebenden Autofahrer gemacht. Da sollten sechs routinierte Führerscheininhaber mit ihren Pkws einfach nur im Kreis fahren. Alle mit dem gleichen Tempo und alle mit dem exakt gleichen Abstand von- beziehungsweise zueinander.

Theoretisch hätten die sechs bis zum Sankt Nimmerleinstag ununterbrochen in Bewegung bleiben können, wenn nicht irgendwann einer von ihnen aus reiner Dösbaddeligkeit zu nah auf seinen Vordermann aufgefahren wäre. Tja, und dann musste er bremsen, was logischerweise dazu führte, dass alle anderen auch in die Eisen mussten, und ruck, zuck war Schluss mit der ewigen Rundfahrt, und alle standen plötzlich da, wo alle Autofahrer irgendwann landen: im Stau!

Da war keine Baustelle, keine fehlgeschaltete Ampelanlage und die beteiligten Fahrzeugführer mussten auch nicht so hoch komplizierte Verkehrssituationen bewältigen wie Reißverschluss oder Kreisverkehr. Nein, die Ursache für den Stillstand war einfach nur das Fehlverhalten eines Einzelnen, der meinte, er müsse dann doch schneller fahren als alle anderen. Und genau das ist bekanntlich auch der Grund für alle ungesicherten Unfallstellen und die nachfolgenden Bergungsarbeiten, die mehrmals täglich für kilometerlange Staus auf deutschen Autobahnen sorgen.

Formel Eins: überhöhte Geschwindigkeit minus Abstand plus Selbstüberschätzung gleich Massenkarambolage mit Personenschaden. Und wenn dann noch die Gaffer auf der Gegenspur den Fuß vom Gas nehmen, um ausgiebig ihre perverse Schaulust zu befriedigen, kommt es automatisch vom Zähfluss zum Stillstand. Und zwar in beiden Richtungen.

Oder nehmen wir den gestrigen Sonntag. Der war hier in Köln wieder einmal verkaufsoffen, das heißt, spätestens ab 14 Uhr fuhr rund um die Einkaufszonen gar nichts mehr. Stattdessen standen die motorisierten Blechbüchsen in endlosen Schlangen vor den überfüllten Parkhäusern und verwandelten die Innenstadt in eine Feinstaubhölle. Es muss tatsächlich Menschen geben, denen es ein ganz besonderes Vergnügen bereitet, den Sonntagnachmittag im Stau zu verbringen. Die könnten auch zuhause bleiben und sich mit laufendem Motor in die Garage stellen, der Endeffekt wäre im Prinzip der gleiche.

Ich stand mal vor ein paar Jahren in Echtzeit auf der A2 zwischen Bönen und Hamm. Vor mir fünf Kilometer Blechlawinenstillstand, hinter mir fünf Kilometer Blechlawinenstillstand und über mir eine Brücke. Da hatte irgend so ein Witzbold – wahrscheinlich ein militanter Fußgänger – ein riesiges Transparent aufgehängt. Auf dem stand: Ihr steht nicht im Stau, ihr seid der Stau. In diesem Sinne: Gute Fahrt!

1. Dezember 2014
Haben wir eigentlich noch alle Lichter am Baum?

Ja, ich weiß, diese Frage klingt angesichts der Tatsache, dass gestern die Vorweihnachtszeit ganz offiziell eingebimmelt wurde, ein bisschen despektierlich, um nicht zu sagen ketzerisch. Allerdings ist sie auch nicht von mir, sondern sie stammt aus jenem Haufen Altpapier, aus dem seit über 50 Jahren in Deutschland das meistbetrachtete Bild am Sonntag zusammengebastelt wird.

Und das war gestern, am ersten Advent, wirklich erschütternd: Da wurde gleich auf Seite zwei darüber berichtet, dass in einigen Städten unseres von christlichen Wurzeln durchwachsenen Landes der Weihnachtsmarkt in Zukunft nicht mehr Weihnachtsmarkt heißen darf. Zum Beispiel in Berlin-Kreuzberg. In diesem ganz offensichtlich gottverlassenen Fleckchen abendländischer Erde hat das zuständige Bezirksparlament mehrheitlich beschlossen – Zitat –, „dass grundsätzlich keine Genehmigungen für Veranstaltungen von Religionsgemeinschaften im öffentlichen Raum erteilt werden". Und weil Weihnachten eben eine solche Veranstaltung einer Religionsgemeinschaft sei, müsse der Weihnachtsmarkt – wenn er denn genehmigt werden soll – ab sofort „Wintermarkt" heißen.

Jetzt mal ganz davon abgesehen, dass so ein Bezirksparlamentarier in Kreuzberg doch wahrlich andere Sorgen haben sollte, aber da fragt der fromme Christenmensch sich doch zu Recht: Wo soll das alles enden? Stehen wir in Deutschland jetzt vor einer großen Umbenennungswelle? Was wird aus den Christbäumen, den Christstollen, den Christrosen? Wie nennen wir in Zukunft den Weihnachtseinkauf, das Weihnachtsgebäck, die Weihnachtsgeschenke? Müssen wir jetzt die uralten Lieder, mit denen die Menschen auf den Weihnachts... – Entschuldigung! – auf den Wintermärkten berieselt werden, einer generellen Textrevision unterziehen? Und was machen all die Nikoläuse und Weihnachtsmänner, die schon in den Startlöchern stehen, um am kommenden Samstag in den Wohnzimmern und Kindertagesstätten Angst und Schrecken zu verbreiten? „Von draus vom Walde komm ich her, ich muss euch sagen es wintermarktet sehr?" Und das Ganze dann vorgetragen im Kostüm einer religiös neutralen Comicfigur. Micky Maus, komm in unser Haus?

Und was wird aus all den anderen christlichen Festen und Ritualen, die seit Jahrhunderten den Jahresablauf der Gläubigen bestimmen: das Fest der Auferstehung, die Fronleichnamsprozession, die Himmelfahrt? Werden sie dahingerafft von jenem heidnischen Zeitgeist, der schon den Sankt-Martins-Zug umbenennen wollte in „Sonne-Mond-und-Sterne-Fest"? Greifen auch hier die Bestimmungen für die Genehmigungen von Veranstaltungen religiöser Gemeinschaften im öffentlichen Raum?

Oder, um noch einmal das Horror-Bild vom Sonntag an die Wand zu werfen: „Sind das christliche Erbe, unsere Kultur, unser Selbstverständnis auf das Treiben einer Religionsgemeinschaft geschrumpft?"

Also, wenn Sie mich fragen: Gute Frage! Sollte man mal drüber nachdenken.

Montagsfragen
2013

4. Februar 2013
Stressbericht der Bundesanstalt für Arbeitsschutz

Haben Sie heute Morgen schon eine Frühstückspause gemacht? Und ich meine jetzt nicht die hektische Nummer mit dem kochend heiß geschlürften Schlabberkaffee aus dem Automaten und dem am Stück verschlungenen Müsliriegel auf dem Weg zur Toilette. Nein, ich meine eine richtig amtliche Frühstückspause von mindestens 30 Minuten, in der Sie bis in die tiefsten Tiefen entspannt in einer freundlichen Umgebung sitzen und in aller Gemütsruhe Ihr vollwertiges Morgenmahl verzehren, ohne auch nur einen Gedanken an irgendwelche unerledigten Aufgaben zu verschwenden.

So eine Pause hatten Sie heute noch nicht, sondern Sie haben – wie an jedem Tag – durchgearbeitet, weil Sie sonst das Ihnen auferlegte Tagespensum unmöglich schaffen können? Und das, obwohl Sie die Mittagspause auch ausfallen lassen und schon mindestens eine Überstunde für heute fest eingeplant haben? Tja, wenn das so ist, dann gehören Sie mit großer Wahrscheinlichkeit zu den gestressten Arbeitnehmern, die irgendwann unter der Last der permanenten Überforderung zusammenbrechen und sich aufgrund schwerer psychischer und physischer Erkrankungen in eine langfristige ärztliche Behandlung begeben müssen. Und da liegen Sie voll im Trend.

Die Zahl der Arbeitsunfähigkeitsmeldungen wegen stressbedingter Erkrankungen hat in den vergangenen 15 Jahren um 80 Prozent zugenommen. Auf 5,9 Millionen Tage im Jahr 2011. Nimmt man noch die Zahl der Frühverrentungen als Folge von totalem Burn-out hinzu, entstanden allein 2011 Produktionsausfälle in Höhe von sechs Milliarden Euro.

So steht es auf jeden Fall im Stressbericht der Bundesanstalt für Arbeitsschutz und Arbeitsmedizin, den Ursula von der Leyen in der vorigen Woche der Öffentlichkeit präsentiert hat. Und zwar relaxt bis in die Haarspitzen. Und das bei dem wahnsinnigen Stress, den die Frau als Ministerin und CDU-Mitglied hat. Aber die Frau tut auch was gegen diesen Stress. Erstens, sie besteht auf ihr freies Wochenende, und zweitens versucht sie dauernd, sich die schönen Seiten ihrer Arbeit bewusst zu machen. Zitat: „Arbeit enthält so viel Positives, Bereicherndes und Sinnstiftendes für jeden Einzelnen."

Und dann haben ihre Arbeitsschutzexperten noch ein paar Tipps für die stressvermeidende positive Bereicherung gegeben: „Nehmen Sie öfter mal die Ich-Perspektive ein, seien Sie unperfekt, denken Sie nicht immer daran, wann eine Aufgabe erledigt sein muss, sondern suchen Sie erst einmal einen Sinn in der Aufgabe. Und vor allem: Loben Sie sich selbst, um Ihre Selbstwirksamkeit zu steigern."

Also, wenn ich die Frau Ministerin und ihre Experten richtig verstanden habe, dann machen Sie jetzt Folgendes: Lassen Sie alles stehen und liegen, gehen Sie zu Ihrem Vorgesetzten und erklären Sie ihm, dass Sie rein ich-perspektivisch auf der Sinnsuche seien und deshalb Ihre Selbstwirksamkeit vorübergehend ein wenig einschränken müssten. Das heißt, das mit den Überstunden heute kann er vergessen und das mit der Arbeit am Wochenende sowieso.

Bin mal gespannt, wie Ihr Vorgesetzter reagiert.

Ich denke mal, er ist begeistert.

18. Februar 2013
Woher kommt eigentlich der Begriff Lockfleisch?

Kommt er aus dem Bereich der vom Aussterben bedrohten Printmedien und bezeichnet die zentral platzierte Abbildung von leicht bis gar nicht bekleideten Silikonoberweiten und botoxbehandelten Hinterteilen, mit denen vor allem die männliche Kundschaft auf dem Boulevard zum Kauf von Druckerzeugnissen animiert werden soll?

Oder führt uns das Lockfleisch direkt in das schummrige Zwielicht der Berliner Hotelbars, wo ahnungslose ältere Herrschaften erst systematisch mit Hochprozentigem abgefüllt werden, um dann völlig enthemmt und willenlos in die Sexismusfalle zu tappen? Nun, es ist natürlich weder das eine noch das andere, sondern die Wahrheit ist wie immer sehr viel profaner. Denn der Begriff Lockfleisch kommt direkt aus dem Groß- und Einzelhandel und benennt einfach nur das tägliche Supersonderangebot aus der Fleisch- und Wursttheke, quasi den Speck, mit dem man Mäuse macht.

Da wird zum Beispiel das Kilo Hackfleisch zu einem Schleuderpreis verhökert, der weit unter dem liegt, den die großen Discounter den wehrlosen Fleischproduzenten abgepresst haben. Und weil für viele Endverbraucher Fleisch nach wie vor das beste Gemüse ist, stürmen sie die Supermärkte und begeben sich auf die Jagd nach den tierischen Schnäppchen. Bevor sie allerdings ihre fette Beute machen können, müssen sie erst einmal einen langen Weg zurücklegen, weil sich die Fleischtheken in den Supermärkten immer ganz am Ende des Ladens befinden. Und auf diesem Weg packen sie sich dann – geblendet vom Spottpreis des Lockfleisches – all die überteuerten Produkte in den Einkaufswagen, mit denen die Supermarktbetreiber das Billigfleisch gegenfinanzieren. Irgendwie muss sich der Laden ja rentieren.

Die Alternative wäre unlauterer Wettbewerb, wie wir ihn gerade beim Rindfleisch erleben, wo neben der Lasagne alla Cavallo für 1,38 plötzlich die Ravioli wiehern, während gleich nebenan im Konservenregal die Dosen mit dem Gulasch schnauben. Aber alles halb so schlimm. Selbst wenn das Rind in den Tiefkühltortellini zu Lebzeiten einen Sattel getragen hat, ist es noch lange nicht gesundheitsschädlich.

Klar, da kommt schon mal das eine oder andere Turnierpferd mit in die Füllung, wie El Santo von der Isabell Werth oder der Whisper, die bekanntlich randvoll waren mit Fluphenazin gegen die Zitterkrankheit und Cimetidin gegen Magengeschwüre, aber bis so ein Klepper in der Fleischverarbeitung landet, muss der erst einmal quer durch Europa galoppieren, da hat der die Medikamente längst ausgeschwitzt.

Und wenn dann doch mal das eine oder andere Mikrogramm Phenylbutazon zurückbleibt, dann in so geringen Mengen, dass man schon eine ganze Herde verspeisen müsste, um irgendwelche Risiken und Nebenwirkungen festzustellen.

Obwohl, irgendwie unappetitlich ist das Ganze schon. Aber zum Glück dauert so ein Fleischskandal ja in der Regel nicht so lang. Würde sagen, maximal zwei Wochen, dann ist das Pferd gegessen und verdaut. Und bis dahin heißt es: „Na Fury, wie wär's mit einem kleinen Auflauf?"

25. Februar 2013
Was macht eigentlich der Hartwig Fischer?

Nun, der Hartwig Fischer sitzt. Und zwar im Deutschen Bundestag als Abgeordneter der CDU. Ich muss zugeben, der Mann war mir bis dato völlig unbekannt, aber man kann als Volk ja nicht jeden kennen, der einen vertritt. Der Hartwig Fischer – so viel weiß ich inzwischen – ist ein engagiertes Mitglied der CDU-Sozialausschüsse und kommt gebürtig aus Niedersachsen, und zwar aus Verden an der Aller.

Da liegt es natürlich nahe, dass der Mann sich intensiv mit der Frage beschäftigt, was jetzt mit all den Pferden passiert, die als Rindfleisch im Nudelgericht oder im Gulasch gelandet sind. Wohin mit all den Produkten aus der Rosstäuscherei, die gerade tonnenweise aus den Regalen der Supermärkte entfernt werden? Auf die Müllkippe? In die Verbrennungsanlage? Oder doch als Schweinefutter zurück in die Nahrungsmittelkette? Immerhin handelt es sich angeblich um hygienisch einwandfreie Lebensmittel, die noch nicht einmal das Verfallsdatum überschritten haben. Und deshalb hat der Hartwig Fischer den Vorschlag gemacht, all die Fertiggerichte mit dem wiehernden Rinderhackfleisch flächendeckend an die Armen und Bedürftigen zu verteilen.

Aber kaum hatte der engagierte Abfallverwerter diesen Vorschlag präsentiert, da hagelte es auch schon Kritik. Die wie immer blendend gelaunte Renate Künast sprach empört von der absurden Idee, dass es beim Essen Menschen zweiter Klasse gibt, und der Chef des Bundesverbands der deutschen Tafeln nannte es entwürdigend, die

128

Bedürftigen zu Müllschluckern der Nation zu machen, und denen, die ohnehin nichts haben, jetzt auch noch Abfall zu servieren.

Andere wiederum meinten, einem geschenkten Gaul schaue man nicht ins Maul, und solange es keine gesundheitlichen Risiken und Nebenwirkungen gebe, werde eben dankbar gegessen, was kostenlos auf den Tisch kommt. Und wie reagierte der Auslöser der ganzen Diskussion, der Hartwig Fischer? Nun, er machte in aller Öffentlichkeit einen Selbstversuch und verspachtelte im Abgeordnetenrestaurant des Berliner Reichstags eine doppelte Portion Lasagne bolognese, Marke „Gut und günstig", die wegen nachgewiesener Panscherei aus den Regalen eines Supermarkts aussortiert worden war. Dabei ließ er sich natürlich fotografieren, und am nächsten Tag war er auf der Titelseite der Bild-Zeitung unter der Überschrift: „Politiker isst Pferde-Lasagne". Sein Fazit, ich zitiere wörtlich: „Hmm, schmeckt doch lecker!"
Ehrlich gesagt, das wundert mich nicht. Schließlich ist die Lebensmittelindustrie heutzutage durchaus in der Lage, mittels gezielter Zugabe von Geschmacksverstärkern und Glutamaten aller Art selbst ein Stück Presspappe in eine kulinarische Köstlichkeit zu verwandeln.
Übrigens ist am Wochenende in Niedersachsen gerade der nächste Lebensmittelskandal aufgeflogen. Da wurden im ganz großen Stil Eier aus Legebatterien als Bioeier deklariert und dementsprechend teuer verkauft. Die könnte man ja gleich mit dem Pferde-Fraß zusammen verteilen. Da haut sich der Bedürftige noch ein getürktes Bioei auf die falsch etikettierte Lasagne. Sieht gut aus, schmeckt lecker und im Zweifelsfall gilt sowieso: Der Hunger treibt's rein.

4. März 2013
Wie kommt das Aflatoxin B1 in die Milch?

Die Frage ist vor allem deshalb hochinteressant, weil dieses Aflatoxin B1 in der Milch absolut nichts zu suchen hat. Handelt es sich doch um einen extrem krebserregenden Stoff, der nach Aufnahme mithilfe von Cytochrom P450 oxidativ in ein sehr reaktionsfähiges Epoxid umgewandelt wird, das im schlimmsten Fall in den Zellkern eindringt, wo es mit der DNA Addukte bildet und so Mutationen, also Tumore verursacht.

Hört sich irgendwie gar nicht gut an, oder? Dass dieses Teufelszeug in die Milch gelangt, sollte eigentlich unmöglich sein. Und doch ist es jetzt passiert. Weil kostenbewusste Futtermittelhersteller mehr als 45 000 Tonnen verschimmelten Mais aus Serbien zu Tierfutter verarbeitet haben. Das wiederum landete in Niedersachsen auf 3560 Höfen in den Futtertrögen ahnungsloser Kühe, die gleich nach dem Verzehr das gemeingefährliche Aflatoxin B1 in ihrer Milch anreicherten. Wobei „anreichern" für diesen Vorgang doch irgendwie das falsche Wort ist.

Auf jeden Fall wurde der verschimmelte Dreck flächendeckend verfüttert, und das, obwohl die Eigenkontrollen der Industrie angeblich einwandfrei funktioniert haben. Und deshalb kennt der niedersächsische Landwirtschaftsstaatssekretär derzeit auch keinen Grund, von kriminellen Machenschaften zu sprechen. Er sieht das Problem eher beim Preisdruck in der Milchbranche. Das heißt im Endeffekt, schuld ist wieder einmal der geizige Verbraucher, der nicht bereit ist, einen angemessenen Preis für die Milch zu bezahlen. Da muss er eben schlucken, dass die Kühe nicht mit teurem Qualitätsfutter, sondern mit billigem Schimmelpilz gefüttert werden. Ach ja, und eine gesundheitliche Gefährdung der Verbraucher ist laut Ministerium auch ausgeschlossen, weil – ich zitiere – „die Milch verschiedener Betriebe zusammengemischt und damit das Gift bis zur Unschädlichkeit verdünnt wird".

Na, da bin ich aber beruhigt. Ich weiß doch eh schon nicht mehr, was ich noch essen und trinken soll. Das Rindfleisch ist vom Pferd, das Bioei kommt aus der Legebatterie, und jetzt muss ich auch noch froh sein, dass die Milch nicht unverdünnt ins Glas kommt. Aber zum Glück leben wir gerade in der Fastenzeit, in der die Nahrungsmittelaufnahme zwangsläufig auf ein Minimum reduziert ist. Da lässt sich der eine oder andere Lebensmittelskandal doch viel leichter verdauen.

Das haben sich wahrscheinlich auch die Herausgeber des Spiegels gedacht und die aktuelle Ausgabe dem falschen Essen und Trinken gewidmet. Haben Sie das Heft heute schon gesehen? Furchtbar! Auf dem Titelbild eine Packung Pommes mit dem Aufdruck „Essen kann tödlich sein". Drunter die Schlagzeile: „Die Suchtmacher. Fettig. Salzig. Süß. Wie Lebensmittelkonzerne uns verführen".

Also, ich will es gar nicht wissen. Ich will nur, dass jetzt möglichst bald die letzte verseuchte Kuh durchs Dorf getrieben wird. Schließlich ist die Fastenzeit in knapp drei Wochen vorbei. Da sollten die zuständigen Behörden die Zeit nutzen und vor allem eins tun: ordentlich reinhauen!

8. April 2013
Wer oder was verbirgt sich eigentlich hinter der Abkürzung AfD?

Ist es die Arbeitsgemeinschaft frustrierter Däumchendreher? Das Aktionsbündnis freischwebender Demoskopen? Die Altherrenmannschaft fanatischer Dressurreiter? Oder ist es am Ende doch nur die Agentur für Doppelkopf-Partnervermittlung? Nun, ich merke schon, Sie wissen es nicht. Ist aber auch nicht weiter schlimm, schließlich kann man in einer von Abkürzungen überfluteten Welt nicht alles und jeden kennen, schon gar nicht die AfD.

Was ich allerdings schlimm finde, ist, dass ein Viertel aller Wahlberechtigten sich vorstellen könnte, dieser AfD bei der kommenden Bundestagswahl ihre Stimme zu geben. Und damit ist die Katze aus dem Sack. Denn bei der AfD handelt es sich um die „Alternative für Deutschland", eine politische Partei, die, ähnlich wie die Partei der bibeltreuen Christen, im September dieses Jahres antreten wird, um die politische Landschaft in Deutschland nachhaltig umzupflügen. Und wissen Sie, was das Verrückte ist an dieser Alternative für Deutschland? Es gibt sie noch gar nicht! Die Partei wird erst am kommenden Wochenende gegründet, keiner kennt die Leute, die hinter ihr stehen, und ein richtiges Programm gibt es ebenfalls noch nicht.

Trotzdem liegt ihr Wählerpotenzial angeblich bei 24 Prozent. Das ist fünfmal höher als das der FDP und fast genauso hoch wie das der Steinbrück-gebeutelten SPD. Und warum? Weil die Mitglieder der AfD für die Abschaffung des Euros und die sofortige Wiedereinführung der

D-Mark sind. So simpel ist das. All die wahrhaft hoch komplizierten sozialen Fragen und komplexen ökonomischen Probleme, mit denen sich die Regierenden in Europa seit Jahren, ach, was sage ich, seit Jahrzehnten die Krisengipfelnächte um die Ohren schlagen, einfach reduziert auf die Zauberformel: Eck-speck-dreck – D-Mark her, Euro weg! Und diese Formel wird dann verkauft als „Alternative für Deutschland". Für Deutschland wohlgemerkt. Was interessiert uns der Rest Europas? Die steigende Jugendarbeitslosigkeit, die drohende Altersarmut, der Zusammenbruch des Gesundheitssystems in Spanien, Italien oder Griechenland? Sollen die anderen doch sehen, wie sie aus dem wirtschaftlichen Schlamassel kommen, ab sofort ist uns die maßgeschneiderte deutsche Jacke näher als das löchrige europäische Hemd.

Wir wollen unsere gute alte deutsche D-Mark wiederhaben und dann lassen wir es uns gut gehen. Dann kann uns die verarmte Nachbarschaft den Buckel runterrutschen. Deutschland, Deutschland über alles, beziehungsweise ohne alles, was uns die anderen an Bremsklötzen an die Beine binden wollen.

Wissen Sie was? Ich glaube, ich gründe auch eine Partei. Ich habe zwar nur einen sehr begrenzten ökonomischen Sachverstand, aber den scheint es ja auch nicht unbedingt zu brauchen, um die Wählerinnen und Wähler zu überzeugen. Da reicht ganz offensichtlich ein populistischer Name als Programm. Zum Beispiel: MGFA – Mehr Geld für alle! Oder besser: MGFAD – Mehr Geld für alle Deutschen. Oder am allerbesten: WDS – Was darf's sein? Na, ist doch klar: mindestens 24 Prozent.

22. April 2013
Was ist eigentlich die Voraussetzung für eine gelungene Matrizenmultiplikation?

Na, ist doch logo: Die Voraussetzung für eine gelungene Matrizenmultiplikation ist die Übereinstimmung der Anzahl der Spalten in der rechten Matrix mit der Anzahl der Zeilen in der linken Matrix. Und wenn man dann noch weiß, dass so eine Matrizenmultiplikation in gar keinem Fall kommutativ ist, kann eigentlich gar nichts mehr passieren und einem erfolgreichen Multiplizieren steht nichts mehr im Wege.

Und obwohl dieser Vorgang seit Ewigkeiten bekannt und in allen Einzelheiten erforscht ist, gibt es hierzulande immer noch Menschen, die mit dieser einfachen und durch und durch logischen Matrizenmultiplikation so ihre Schwierigkeiten haben. Zum Beispiel die bedauernswerten Schülerinnen und Schüler, die hier bei uns in Nordrhein-Westfalen in der vorigen Woche ihre Abiturklausuren im Fach Mathematik schreiben mussten.

Denen hat die zuständige Kommission für die zentrale Vergabe von Prüfungsfragen Aufgaben vor den überforderten Latz geknallt, die waren so unglaublich schwierig, dass selbst ausgewiesene Mathematikgenies im Sumpf der Ratlosigkeit versunken wären. Da haben die Prüflinge schon beim Lesen der Aufgaben Panikattacken und Angstschweißausbrüche bekommen und viele sind nach stundenlangem, vergeblichem Ringen mit den Tücken der mathematischen Objekte tränenüberströmt auf den Schulhöfen zusammengebrochen. In Essen haben die betroffenen Schüler, nachdem sie sich einigermaßen von diesem Prüfungsschock erholt hatten, eine Online-Petition an das Schulministerium gestartet, die bislang von über 5000 empörten Prüflingen unterzeichnet wurde. Gefordert wird darin eine radikale Überprüfung der aktuellen und aller zukünftigen Abiturklausurfragen im Fach Mathematik. Wobei ich persönlich noch einen Schritt weiter gehen würde und für die vollständige Abschaffung der Matheprüfungen plädiere. Wen interessiert es denn, welche Matrix auf welcher Seite die Matrize multipliziert? Und wenn es einen interessiert, dann hat mittlerweile jeder einen Minicomputer in der Tasche, der ihm dieses Problem in kürzester Zeit löst.

Das halte ich übrigens für den eigentlichen Skandal bei diesem mathematischen Prüfungsterror. Dass die Prüflinge ihre Handys und Smartphones nicht mit in die Klausur nehmen durften. Das weiß doch jeder, dass die jungen Leute ohne diese Apparate völlig hilflos sind. Gerade beim Rechnen. Wofür hat man denn schließlich einen Rechner?

Außerdem gibt es in dieser Gesellschaft so viele Menschen, die es nach ganz, ganz oben gebracht haben, obwohl sie nicht einmal in der Lage sind, eins und eins zusammenzuzählen. Da können Sie Finanzminister, Flughafendirektor oder Bundesligatrainer werden, ohne jemals in Ihrem Leben eine einzige Matrize entschlüsselt zu haben.

Also: Weg mit diesen komplizierten mathematischen Pseudoproblemen und her mit realitätsnahen Aufgaben. Zum Beispiel: „Wie viel Liter Bier brauche ich, um 100 traumatisierte Abiturienten drei Tage lang betrunken zu machen?" Da ist es dann auch nicht so schlimm, wenn man sich verrechnet. Irgendeine Tankstelle hat immer offen.

6. Mai 2013

Was machen vier Brasilianer, drei Polen, ein Serbe, ein Spanier, ein Holländer, ein Franzose, ein Kroate und ein Österreicher am 25. Mai im Londoner Wembley-Stadion?

Blöde Frage, das weiß doch jeder, die spielen ein Finale. Und zwar ein rein deutsches Finale. So stand es in der vorigen Woche täglich in allen deutschen Zeitungen, nachdem die beiden deutschen Mannschaften aus Dortmund und München dem Rest der Welt die Überlegenheit des deutschen Fußballs nach allen Regeln der deutschen Fußballkunst vorgeführt hatten.

Was für ein Triumph! Nach all den schmachvollen Jahren, in denen der deutsche Fußball nicht einen einzigen Blumentopf gewonnen hat, geht der allergrößte Topf, den der internationale Vereinsfußball zu vergeben hat, wieder an eine deutsche Mannschaft. Und alle Anhänger und Bewunderer des deutschen Fußballs jubeln euphorisch: „Endlich! Endlich sind wir wieder da angekommen, von wo wir in der Tiefe unserer Herzen eigentlich nie weg waren: ganz oben. An der Spitze."

Die Spanier – bis dato gepriesen als die besten Ballzauberer des Planeten – an die Wand gespielt wie eine Altherrenmannschaft von den Färöer-Inseln. Die Engländer – gerade mal noch gut genug, den neuen Champions den Rasen zu mähen und ihren Fans das Pausenbier zu zapfen. Und die Italiener? Rom, Mailand, Turin? Giovanni, wo ist meine Luftpumpe? Die alten Könige sind mausetot, es lebe der neue!

Der europäische Champion ist ein Meister aus Deutschland oder – wenn's gut läuft – ein Vizemeister. Wenn am Abend des 25. Mai die Krönungsmesse abgepfiffen wird, dann spielt die Kapelle auf jeden Fall das Lied mit dem Unterpfand und dem Glück, in dessen Glanz das Vaterland erblüht. Und zwar das deutsche!

Denn das ist ja das Schöne an so einem rein deutschen Finale, dass rein gar nichts schiefgehen kann. Toll! Und was ich persönlich am tollsten finde, ist, dass beim rein deutschen Finale in London so viele Ausländer mitwirken, ohne die es gar nicht dazu gekommen wäre. Da sind Jungs dabei, die haben Namen, die können 98 Prozent der Deutschen nicht einmal buchstabieren. Zum Beispiel bei den Dortmundern: Piszczek und Blaszczykowski. Blaszczykowski mit s, z, c, z, y. Deshalb nennen sie den auch Kuba. Klingt zwar auch nicht unbedingt besonders deutsch, lässt sich aber besser aussprechen. Kuba, kuba, kuba – tätterä! Oder beim amtierenden deutschen Rekordmeister aus Bayern. Wer hat denn da das spielentscheidende 1:0 gegen Barcelona gemacht? Ein Holländer! Ein Kaaskopp! Ein Futballer aus der Heimat von Frank Rykard, dessen Speichel Rudi Völler bis heute in den Haaren hängt.

Aber alles vergeben und vergessen! Hauptsache ein rein deutsches Finale. Bei mir in der Nachbarschaft laufen die Vorbereitungen schon auf Hochtouren. Da organisieren sie ein Public Viewing auf dem Hof. Mit Grill. Allerdings rein vegetarisch. Ist schon alles bestellt: 30 Bratwürste, 20 Koteletts und ein Kilo Schweinebauch. Wie gesagt: Da kann rein gar nichts schiefgehen.

13. Mai 2013

Was verbindet Belana, Charlotte, Linda und Selma mit Annabelle, Agata und Sieglinde?

Handelt es sich um Kandidatinnen jener – von Cordula Stratmann völlig zu Recht als kaltherzig und ekelerregend beschimpften – TV-Casting-Show, in der eine Domina aus Bergisch-Gladbach sich allwöchentlich auf die Suche nach Deutschlands Top-Hungerhaken macht? Oder sind es die weiblichen Mitglieder des Steinbrück'schen Kompetenzteams, das dieser mit seinem ausgeprägten Sinn für medienwirksames Auftreten in der vorigen Woche so geschickt der Öffentlichkeit präsentierte, dass kein Mensch etwas davon mitbekommen hat? Oder sind es am Ende die ehemaligen Genossinnen von Angela Merkel, mit denen sie in ihrem ersten Leben bei der SED-Nachwuchsorganisation FDJ hauptsächlich wegen der vielen Gemeinschaftsaktivitäten und tollen Freizeitveranstaltungen Mitglied gewesen ist?

Und natürlich ist wie immer keine der drei Antworten richtig. Denn Belana, Charlotte, Linda und Selma sind genau wie Annabelle, Agata und Sieglinde in Wahrheit Gewächse aus dem Nachtschatten mit manchmal vierkantigen, teilweise geflügelten Sprossachsen, die unterirdisch knollentragende Stolone ausbilden. Kurzum: Es sind Kartoffeln! Und was macht man mit Kartoffeln außer Puffer, Püree und Pommes? Nun, wie mit allem, was auf dieser Erde kreucht und fleucht, macht man auch mit Kartoffeln vor allem Geschäfte. Und je mehr man beim Abwickeln dieser Geschäfte illegal trickst, umso größer wird der

Profit, den die Geschäfte abwerfen. Und darum geht es schließlich. Der Preis macht die Kartoffel heiß.

Wir leben ja angeblich in einer freien Marktwirtschaft, in der die Preise für die feilgebotenen Waren bestimmt werden von Angebot und Nachfrage. Aber weil im Falle der Kartoffel das reichhaltige Angebot auf eine stetig sinkende Nachfrage trifft, ist der Preis von Schwankungen bedroht, die nach dem Gesetz von Angebot und Nachfrage eher nach unten schwanken müssten.

Was nun? Was tun, um den Profit nicht nur zu erhalten, sondern zu vergrößern? Ganz einfach, man ignoriert das Gesetz und trifft illegale Absprachen, Preisabsprachen. Da ruft dann am Anfang der Woche der Preisbeauftragte der Branche alle Anbieter an und informiert sie über den aktuellen Wochenpreis für das Kilo Kartoffel. Das läuft dann wie an den Tankstellen zu Ferienbeginn. Einer zieht an und alle ziehen mit. Auf die Weise soll ein bundesweit operierendes Kartoffelkartell in den letzten zehn Jahren seine Gewinne mehr als verzehnfacht haben, was einem volkswirtschaftlichen Schaden von mindestens 100 Millionen Euro entspricht.

100 Millionen Euro, die wir Verbraucher der Kartoffelmafia für ihre überteuerten Knollen zu viel bezahlt haben. Da wurden nicht nur die Gesetze des Marktes auf kriminelle Art und Weise ausgehebelt, nein, es wurden auch uralte Wahrheiten ad absurdum geführt. Zum Beispiel die vom Zusammenhang zwischen dick und dumm. Was früher für die Kartoffeln und die Bauern galt, gilt ab sofort für die Geschäfte. Die einen machen die dicksten und die anderen sind die Dummen.

27. Mai 2013

Wie heißt das beliebteste Land der Welt? Lummerland? Legoland? Schlaraffenland? Phantasialand? Auenland? Taka-Tuka-Land?

Nein, liebe Landsleute, das beliebteste Land der Welt heißt – Tusch, Klatschmarsch, Rakete – Deutschland!

Das hat jetzt eine Umfrage der BBC in 25 anderen Ländern dieser Welt ergeben. Ausgerechnet die BBC, die ja bekanntlich eine britische Rundfunkgesellschaft ist. Und die britischen Medien waren ja noch bis vor Kurzem nicht gerade zimperlich, wenn es darum ging, den Deutschen die Symbole ihrer rabenschwarzen Vergangenheit um die Ohren zu hauen. Da rollten schon mal schnell die Panzer über die Titelseiten und die uralten Klischees wurden aus dem Stahlhelm gekramt und öffentlich ans Hakenkreuz geschlagen.

Und jetzt diese Umfrage, nach der Deutschland auf der Liste der sympathischsten Länder des Planeten unangefochten an der Spitze steht, weit vor Kanada, Brasilien und den USA, um nur drei der abgeschlagenen Mitkandidaten zu nennen. Leider gibt diese Studie keine Auskunft darüber, was die Befragten dazu bewogen hat, ausgerechnet Deutschland zum Sympathieweltmeister zu küren. Also das optische Erscheinungsbild kann es auf jeden Fall nicht gewesen sein. Klar hat Deutschland so seine landschaftlichen Reize, aber was ist der Timmendorfer Strand gegen die Copacabana, der Westerwald gegen die Rocky Mountains oder die Soester Börde gegen den Grand Canyon? Auch am Wetter kann es nicht liegen. Wenn ich mir angucke, wie die bedauernswerten Touristen aus aller Welt gerade schlotternd und bibbernd unter ihren Plastikpelerinen über die Kölner Dom-platte huschen, dann kann ich mir schon vorstellen, dass der eine oder andere jetzt lieber in Florida wäre.

Aber warum ist Deutschland dann trotzdem mit 70 Millionen Touristen im Jahr das beliebteste Reiseland Europas? Nun, ganz einfach, weil die Menschen hierzulande so unglaublich sympathisch sind. Von wegen German-Stinkstiefel und teu-tonischer Knöttersack. Spätestens seit der Sommermärchen-WM 2006 weiß die Welt, wie die Deutschen in Wirklichkeit sind. Freundlich zu jedermann, hilfsbereit in allen Notsitu-ationen und völlig vorurteilsfrei gegenüber den Fremden, von wo auch immer sie kommen. Die Türen sperrangelweit geöffnet für den Obdach suchenden Gast, den Willkom-mensgruß auf den lachenden Lippen und den Tisch reich gedeckt mit feinster Speise und edelstem Trank.

Und diese herzensguten Bewohner machen dieses Land zu dem, was es in den Augen der übrigen Welt ist: zum Para-dies auf Erden. Oder wie es der berühmte Zukunftsforscher Mathias Murks auf den Sympathie-Punkt bringt: „Wirt-schaftlich stark, aber sozial ausbalanciert. Gerechtigkeitssen-sibel, aber auch reformbereit. Leistungsbewusst, aber auch grün und kreativ." Und natürlich so unglaublich nett und sympathisch!

Seit ich diese BBC-Studie gelesen habe, gehe ich mit ganz anderen Augen durch die Welt. Von all der Freundlichkeit und Toleranz hatte ich ja vorher gar nichts gewusst. Aber jetzt weiß ich es. Ich lebe im sympathischsten Land der Welt. Und wie ich mich dabei fühle? Ich sage es Ihnen: wie im Märchen.

21. Oktober 2013
Tor oder nicht Tor, das ist hier die Frage.

Ob's edler im Gemüt, die zweifelsfreie Macht des Regel-werks zu dulden oder sich wappnend gegen eine See von Fragen durch Widerspruch sie enden.

Zugegeben, es gab wirklich wichtigere Themen an diesem Wochenende: die Vorentscheidung des SPD-Partei-Konvents zur großen Koalition, die Reaktion des Heiligen Vaters auf die penetranten Duftmarken des Limburgers im Petersdom oder die neuesten Twit-ter-Tweets von Boris Becker und die daraus folgenden Rückschlüsse auf den Geisteszustand des Twitterers.

Alles wichtig, alles hochinteressant, aber gemessen an der gewaltigen Erschütterung, die am Freitagabend auf Dieter Hopps Privatspielplatz in Hoffenheim ganz Fuß-ball-Deutschland in einen Vulkan der Weißglut verwan-delte, handelt es sich doch eher um Petitessen.

Wen interessieren die politischen Schlupflöcher, durch die Sigmar Gabriel sein murrendes Parteivolk in die Hin-terzimmer der Macht führen will, angesichts des spiel-entscheidenden Lochs im Hoffenheimer Außennetz?

Was ist die Unfehlbarkeit des Papstes, beziehungsweise die Fehlbarkeit eines seiner Bischöfe, gegen die Tatsa-chenentscheidung eines Pfeifenmannes, der 90 Minuten lang mit Kürbissen auf den Augen über den Platz tau-melt?

Und wer will wissen, was sich dieses nichtsnutzige Sport-idol von vorvorgestern auf seinem Smartphone zusammen-beckert, wenn das Millionenheer der Fußballexperten,

Kommentatoren und Verantwortlichen nur die eine Frage umtreibt: „Drin oder nicht drin?"

Mag sein, dass ich als eingeborener Leverkusener die ganze Lochnummer – übrigens: Superwortspiel, Lochnummer statt Lachnummer, ich loch mich scheckig –, also, dass ich da nicht ganz objektiv bin. Aber für mich steht fest: Der Ball war drin! Ich hab mir die Szene jetzt mehrere Hundert Mal in den verschiedenen Sport- und Nachrichtensendungen anschauen müssen, und was ich gesehen habe, war ein Ball, der am Ende da lag, wo er hingehört: im Kasten. Das Runde muss ins Eckige. Und das geht nur an einer einzigen Stelle, nämlich da, wo das Netz ein Loch hat. Deshalb steht vor dem Loch auch ein Torwart, der versuchen muss, dieses Loch zu stopfen.

Außerdem gilt das fünfte Gebot: Wenn der Schiedsrichter auf Tor entscheidet und das Spiel wieder anpfeift, dann kann die Pille auf dem Stadiondach gelegen haben, das Tor zählt. Schließlich ist der Schiri mit seinen unzähligen Offiziellen der uneingeschränkte Zählmeister auf dem Platz.

Die Tatsachenentscheidung – und sei sie auch noch so hirnrissig – ist eines der wichtigsten Gesetze im internationalen Fußball. Bestes Beispiel: die Vergabe der WM 2022 nach Katar.

Aber zurück nach Hoffenheim: Der Rudi Völler, der alte Fuchs, hat vorgeschlagen, das Spiel neu anzusetzen. Und zwar ab der 70. Minute. Dieselben Mannschaften, dieselben Schiedsrichter, dieselben Zuschauer und dann 20 Minuten Wiederholung.

Und genau das ist das Schöne am Fußball: Nichts ist unmöglich, es geht immer noch unmöglicher!

4. November 2013
Ersatzfrage

Ursprünglich wollte ich heute von Ihnen wissen, was Sie davon halten, dem von amerikanischen Sicherheitsbehörden verfolgten Geheimdienstpfeifenbläser Edward Snowden hier bei uns in Deutschland politisches Asyl zu gewähren, damit er in aller Ruhe und Ausführlichkeit ein wenig mehr Licht in die systematisch verdunkelte Affäre bringen kann. Und dann wollte ich ein flammendes Plädoyer halten für den Datenschutz und gegen die flächendeckende Ausspähung von Daten aller Art.

Tja, und dann kam Allensbach beziehungsweise das dort ansässige Institut für Meinungsforschung. Die haben nämlich ganz aktuell herausgeforscht, dass lediglich 26 Prozent der Deutschen sehr besorgt sind angesichts des gewaltigen Ausmaßes der globalen Personendatensammelei. 76 Prozent hingegen sind der Meinung, dass ihnen durch die Aktivitäten der NSA und anderer Schnüffelrüssel keine persönlichen Nachteile entstehen. Dementsprechend halten 44 Prozent die ganze Diskussion für überbewertet, das heißt, sie geht ihnen komplett am gläsernen Hintern vorbei.

Logo, dass ich nach dem Studium dieser Studie gleich die geplante Montagsfrage in die Tonne gekloppt habe. Das Risiko, mit einer falschen, weil völlig uninteressanten Fragestellung die Einschaltquote auf einen Schlag um 50 Prozent zu verringern, war mir einfach zu groß. Deshalb vergessen Sie alles, was ich bis hierhin gesagt habe, und ich fange nochmal von vorne an.

Also: Heute ist Montag, es ist allerhöchste Zeit für die Montagsfrage, und die lautet: „Waren Sie schon auf dem Weihnachtsmarkt?" Und erzählen Sie mir nicht, dafür wäre es noch zu früh. Da reicht ein Blick in die Süßwarenabteilung, um zu sehen: Für Weihnachten ist es nie zu früh. Deshalb gibt es in Köln, genauer gesagt am Kölner Stadtgarten, auch schon einen Weihnachtsmarkt, den ich gestern besucht habe. Und ich sage Ihnen: Es war fantastisch. Normalerweise bin ich ja kein Freund dieser künstlichen Holzbudenidylle, aber gestern habe ich es so richtig genossen.

Und wissen Sie auch warum: weil die Holzbuden alle noch geschlossen waren. Ich glaube, die hatten noch nicht einmal den Weihnachtsplunder angeliefert. Einfach nur die leeren, verrammelten Buden, kein Gestank, keine Musik – und natürlich auch keine Besucher. Eine Insel des Friedens inmitten der Stadt, in der ansonsten der Teufel die Hölle auf Erden verlegt hatte. Denn der gestrige Sonntag war überhaupt kein richtiger Sonntag, sondern verkaufsoffen!

Mensch, Leute, das muss doch nun wirklich nicht sein. Da klagen die Menschen über Hektik und Stress im Alltag und dann stürzen sie sich auch noch am heiligen Sonntag in die Innenstädte, um ihr sauer verdientes Geld unter die Geschäftsleute zu bringen. Die waren allerdings mit dem Verlauf dieses Sonntags sehr zufrieden. Vor allem die Anbieter von elektronischen Geräten aller Art. Ganz vorne beim Umsatz: tragbare Minicomputer und Mobiltelefone.

Oh, Entschuldigung. Jetzt bin ich doch wieder beim Ausspähen und Abhören gelandet. Wieso? Ach, vergessen Sie es einfach!

9. Dezember 2013

Wer bringt in diesem Jahr eigentlich die Weihnachtsgeschenke?

Heute ist Montag, es ist allerhöchste Zeit für die Montagsfrage, doch bevor wir dazu kommen, muss ich Sie darauf hinweisen, dass die heutige Montagsfrage für Kinder unter neun Jahren nicht geeignet ist, weil sie eventuell zu schweren Irritationen für den frühkindlichen Glauben an die mystischen Dimensionen des hochheiligen Weihnachtsfestes führen kann. Ich bitte Sie daher, sicherzustellen, dass Kinder unter neun Jahren den folgenden Beitrag auf gar keinen Fall mitanhören, damit es hinterher nicht heißt, ich hätte ihnen die Vorfreude auf den Heiligabend und die damit zusammenhängende Bescherung nachhaltig versaut.

Also: Haben alle Kinder den Raum verlassen oder sind mit Kopfhörern oder Ohrstöpseln akustisch abgeschottet? Gut, dann kann ich ja reinen Gewissens die heutige Montagsfrage stellen, die da lautet: „Wer bringt in diesem Jahr eigentlich die Weihnachtsgeschenke?"

Nun, es ist natürlich nicht das Christkind und es ist auch nicht der Weihnachtsmann, sondern die Geschenke bringen die diversen Paketzustelldienste, also die Männer und Frauen, die diesen Dienst leisten. Von wegen vom Himmel hoch, da komm ich her mit Schlitten und Rentier Rudi Rotnase, der Weihnachtsmann von heute trägt eine Paketbotenuniform und fährt einen Kleintransporter.

Seit immer mehr Menschen die große Einkaufsschlacht in den überfüllten Innenstädten vermeiden wollen, wird der traditionelle Weihnachtseinkaufsbummel in den eigenen vier Wänden erledigt. Da hocken Mami und Papi ganz entspannt mit ihren Smartphones auf dem Sofa, machen einen virtuellen Spaziergang durch die diversen Online-Shoppingcenter und füllen ihre Warenkörbe mit allem, was das Konsumentenherz begehrt.

Und wer sorgt dann dafür, dass der ganze Plunder auch rechtzeitig zum Fest zuhause ankommt? Natürlich die Jungs und Mädels vom Zustellservice, die in der Vorweihnachtszeit täglich bis zu 14 Stunden unterwegs sind, um seiner Majestät, dem Kunden, die Einkäufe an die Haustüre zu schleppen. Und dann ist wieder mal keiner zuhause und der bedauernswerte Zusteller muss sich durch die Nachbarschaft klingeln auf der verzweifelten Suche nach einem barmherzigen Nachbarn, der bereit ist, das Paket anzunehmen. Derweil ertönt draußen auf der Straße ein gellendes Dauerhupkonzert, weil der Lieferant mangels Parkplatz mit seinem Sprinter in der zweiten Reihe den Verkehrsfluss sabotiert.

Wussten Sie eigentlich, dass viele dieser Paketboten pro Stück bezahlt werden? Da gibt es 50 Cent für jedes Paket. Allerdings nur, wenn es auch zugestellt wird. Das heißt, wenn so ein Bote auf einen Mindestlohn von 8,50 Euro kommen will, dann muss er in der Stunde 17 Pakete zustellen. Das heißt, er hat drei Minuten und 53 Sekunden für jede Lieferung. Wenn da der Kunde im vierten Stock Altbau ohne Aufzug residiert, dann ist aber Laufschritt angesagt.

Aber so ist das eben im vorweihnachtlichen Versandhandel: Was dem einen seine Bequemlichkeit, ist dem andern der Megastress. Ach übrigens: Kennen Sie den Unterschied zwischen dem Christkind und einem Paketzusteller? Der Paketzusteller nimmt Trinkgeld. Also: Geben Sie reichlich.

16. Dezember 2013
Was macht eigentlich der kleine Einzelhändler?

Eigentlich hatte ich mir vorgenommen, so kurz vor Weihnachten das ganze Elend dieser Welt einfach mal außen vor zu lassen. Also kein Wort über die große Koalition, über die täglichen Ungeheuerlichkeiten aus dem Inneren der Überwachungsapparate oder über die Olympischen Winterspiele im Land des eiskalten Zaren. Nein, nichts von alledem, sondern einfach mal den Blick richten auf das Gute und Schöne. Tja, und dann sprang mir auf einem meiner Ausflüge in die wirkliche Welt das Elend in seiner mitleiderregendsten Form mitten ins Gesicht, sodass die Montagsfrage trotz aller guten Vorsätze einmal mehr tief hinabsteigt in die Hölle der menschlichen Existenz, und sie lautet: „Was macht eigentlich der kleine Einzelhändler?"

Ich sage es Ihnen gleich: Der kleine Einzelhändler liegt am Boden und wenn er sich noch bewegt, dann watet er bis zum Hals durch ein Jammertal der bitteren Tränen. Und das, während um ihn herum in allen anderen Bereichen des Wirtschaftslebens die Schampuskorken quasi ununterbrochen knallen.

Die Exportindustrie bricht alle Rekorde, die Dax-notierten Unternehmen notieren jenseits des Vorstellbaren und selbst der geschundene Mittelstand ist quasi außer Rand und Band. Die großen Kaufhausketten melden täglich neue Umsatzsteigerungen, der Versandhandel schiebt eine Zusatzschicht nach der anderen und die Betreiber der Weihnachtsmärkte fahren Abend für Abend die Kohle mit der Schubkarre nach Hause.

Und wer kriegt von all dem Boom nichts mit? Genau: der Einzelhandel. Ich kenne einen Blumenhändler, der sitzt den ganzen Tag einsam und allein auf seinen Blumen. Der steht schon gar nicht mehr auf, wenn sich ausnahmsweise mal die Ladentür öffnet, weil er weiß, es ist doch nur wieder der Postbote, der ihm erbarmungslos die Rechnungen auf die Verkaufstheke knallt. Von wegen Weihnachtsgeschäft! Der arme Mann ernährt sich seit Wochen nur noch von gedünsteter Amaryllis mit Weihnachtsstern-Salat.

Und so wie ihm geht es vielen seiner Einzelhandelsgenossen. Den fleißigen Kleinanbietern von Schreibwaren, Damen- und Herrenunterwäsche oder Kinderspielzeug. Das kleine Porzellanparadies auf der Ecke, die winzige Klamöttchen-Boutique mit den Übergrößen, das alteingesessene Fachgeschäft für Kopfbedeckungen aller Art – sie alle sind vom Aussterben bedroht.

Und dabei leisten diese emsigen Einzelhändler doch so viel für die Lebensqualität eines Stadtteils. Sie sind für das innerstädtische Umfeld das, was der Kleinbauer für die Landschaftspflege ist. Wenn sie nicht wären, würde das Straßenbild komplett veröden, geprägt von den Ramschrampen, Franchisefraßverkäufern und Daddelautomatenhallen.

Also, liebe Endverbraucher, wenn ihr nicht wollt, dass die kleinen Oasen des handverlesenen Angebots und der persönlichen Beratung in der großen Servicewüste verschwinden, dann bringt ab sofort die Reste eures Weihnachtsgeldes zu eurem Einzelhändler in der Nachbarschaft. Denn wie spricht Häuptling Arme Socke? Erst wenn der letzte Strauß gebunden und der letzte Kübel bepflanzt ist, erst dann werdet ihr merken, dass in gerodeten Gärten keine Blumen mehr blühen.

23. Dezember 2013

Warum ist die Freude in diesem Jahr ganz besonders groß?

Heute ist Montag, der 23. Dezember, das heißt, morgen, Kinder, wird's was geben, morgen werden wir uns freu'n, und deshalb lautet die Montagsfrage: „Warum ist die Freude in diesem Jahr ganz besonders groß?"

Nun, einer der Hauptgründe ist sicher, dass die Deutschen in diesem Jahr so viel Geld in Geschenke investiert haben wie seit 2014 Jahren nicht mehr. Wenn morgen Abend zur großen Gigabescherung geläutet wird, sind die Wohnzimmer derart vollgestopft mit Päckchen und Paketen, dass die Beschenkten wahrscheinlich beide Weihnachtsfeiertage mit dem Auspacken beschäftigt sein werden. Und zwischendurch gibt's immer mal wieder lecker was zu spachteln.

Sämtliche Vorratskammern, Kühlschränke und Truhen sind bis zum Bersten gefüllt mit den erlesensten Köstlichkeiten, die nur darauf warten, in frittierter, blanchierter oder sonst wie präparierter Form zu den üppigsten Mahlzeiten arrangiert zu werden. Und als wäre das nicht schon Grund genug für große Freude, liegt das Weihnachtsfest rein kalendarisch gesehen in diesem Jahr auch noch so supergünstig, dass es bei strategisch kluger Ausnutzung des Brückentages bis kommenden Sonntag verlängert werden kann. Fünf Tage Dauerbescherung mit 1a-Vollverpflegung. Grandios!

Ach ja, und dann kommt auch noch wie jedes Jahr der Heiland zur Welt, was zumindest die frommen Christenmenschen seit vier Wochen von Herzen frohlocken und fröhlich singen lässt. Wie zum Beispiel das schöne Lied „Macht hoch die Tür, die Tor macht weit", das zu meiner Zeit als aktiver Katholik immer eines meiner Lieblingsadventslieder war. Dabei habe ich den Text des Liedes jahrelang falsch verstanden. Da geht es ja um die bevorstehende Ankunft des Herrn der Herrlichkeit, der – ich zitiere wörtlich – „Heil und Segen mit sich bringt, derhalben jauchzt, mit Freuden singt".

Und ich als kleiner Ministrant habe mich immer gefragt, warum singt der Herr nur den halben Jauchz. Wo er als König aller Königreich doch genügend Grund hätte, den Jauchz komplett zu schmettern. Ist er vielleicht verärgert darüber, dass immer weniger Menschen den wahren Sinn des Weihnachtsfestes zu würdigen wissen und sich mehr und mehr aufs Kaufen und Saufen konzentrieren? Oder wird seine Freude getrübt, weil es Millionen Menschen auf der Welt gibt, die so gar nicht in Weihnachtsstimmung kommen, weil Krieg, Hunger und sonstiges Elend ihnen diese Stimmung nachhaltig verderben?

Aber wie gesagt, das war ein frühkindliches Missverständnis. Heute weiß ich, dass „derhalben" nur ein altertümliches Wort für „deshalb" ist und die Zeile auf Neudeutsch lautet: „deshalb jauchzt und mit Freuden singt".

Apropos: Wie wäre es, wenn Sie die verbleibende Zeit bis Heiligabend nutzen würden, um einem anderen Menschen eine Freude zu machen. Ein Präsent für die alleinstehende Oma von nebenan, oder ein Zwanni für den Obdachlosen auf der Straße. Oder Sie überweisen noch schnell eine Spende an ein Flüchtlingshilfswerk. Sie werden es nicht bereuen, denn so viel ist sicher: Geteilter Jauchz ist ganzer Jauchz. In diesem Sinne: Frohe Weihnachten!

DAS VORLETZTE

Ich weiß es doch auch nicht

Kriegt die Mehrheit ab sofort,
was die Mehrheit wirklich wollte,
nimmt das Schicksal jetzt den Lauf,
den es immer nehmen sollte?
Wird es bis zum Ende bleiben, wie es nie gewesen ist?
Oder gibt es für die Zukunft eine letzte Gnadenfrist?

Geht die Mutti übers Wasser und verwandelt es in Wein?
Oder schenkt sie uns ab morgen aus der Essigflasche ein?
Ist die Bitterkeit im Gaumen nur ein kleiner Vorge-
schmack?
Und wer lässt denn jetzt mal endlich alle Katzen aus dem
Sack?

Fällt der Kurs, oder fällt der Schnee?
Tut das gut, oder tut das weh?
Hat das Folgen, oder ist das egal?
Und, ist überhaupt noch Brot im Regal?

Was sagt der Markt, und was sagt der Preis?
Malen die schwarz, oder malen die weiß?
Geht es voran, oder geht es im Kreis?
Und wer macht da wem die Hölle heiß?

Kreis oder Preis?
Weiß oder heiß?
Oder ist es am Ende doch nur dieser doofe Sack Reis,
der irgendwo in China einfach so zu Boden fällt
und den ganzen Rest der Welt in Atem hält?

Ja, ich weiß es doch auch nicht – warum sollte ich auch?
Ich hab schon so viele Löcher im Bauch.
Doch auch wenn ich nicht weiß, weshalb und warum,
ich verspreche hochheilig: Ich kümmer mich drum.

Macht der Gabriel der Merkel den Schlitten-Kopiloten?
Oder braucht sie doch nur wieder einen nützlichen Idioten?
Geht's den Berg jetzt weiter rauf, oder geht es steil bergab?
Oder macht der morsche Schlitten schon auf halber Stre-
cke schlapp?

Kommt am Ende nur Beton aus der großen Mischma-
schine?
Gibt es nur noch kalten Kaffee in der Bundestagskantine?
Ist da irgendwo noch irgendwer an alldem interessiert?
Oder bleibt doch nur die Hoffnung, dass nichts Schlim-
meres passiert?

Fällt der Pegel, oder fällt ein Soldat?
Ist das umsonst, oder zahlt das der Staat?
Hat der Hunger, oder ist der schon tot?
Und wer überhaupt hat das Klima bedroht?
Ist das jetzt Kunst, oder kann das weg?
Schießen die scharf, oder schießen die schreck?

Platzt ein Traum, oder platzt nur ein Scheck?
Und gibt's überhaupt einen Sinn ohne Zweck?

Scheck oder Schreck?
Weg oder Zweck?

Oder ist es am Ende doch nur der gewöhnliche Dreck,
der rund um die Uhr den Gestank produziert,
der zu Brechreizattacken und Atemnot führt?

Ja, ich weiß es doch auch nicht – warum sollte ich auch?
Die Fragen im Raum und ich auf dem Schlauch.
Doch auch wenn ich nicht weiß, weshalb und warum,
Ich verspreche hochheilig: Ich kümmer mich drum!
Ich verspreche hochheilig: Ich kümmer mich drum.

Aber ich sage Ihnen gleich: Ich kann mich nicht um alles
kümmern. Ich habe nämlich ein Burn-over-Syndrom. Ich
bin zuweilen einfach überfordert. Es gibt Phänomene da
draußen in der Welt, die kriege ich einfach nicht in die
Birne. Wie zum Beispiel die Waffenlieferungen in den
Irak. Richtig oder falsch? – Gut oder böse? – Freund oder
Feind?
Fragen über Fragen, auf die es angeblich keine eindeu-
tigen Antworten gibt und die deshalb immer wieder neu
gestellt und immer wieder anders beantwortet werden.
Ist es richtig, etwas Falsches zu tun, weil es richtig falsch
ist, gar nichts zu tun? Müssen die Guten im Kampf gegen
das Böse im Interesse des Guten auch mal die Bösen sein?

Wird mein Feind zum Freund, weil er der Feind der Feinde meiner Freunde ist?

Und dann rollen Köpfe, fallen Schüsse, zünden Bomben und nichts ist mehr, wie es gerade noch war. Plötzlich sind die richtig guten Freunde die richtig bösen Falschen, weil sie mit den bösen Feinden des Guten im Namen des Richtigen zu Freunden der Feinde des Bösen werden, und alles, was gerade noch gut war für die richtigen Freunde im Kampf gegen das böse Falsche, ist plötzlich richtig böse für die falschen Feinde des Guten.

Und dann rollen noch mehr Köpfe, fallen noch mehr Schüsse, zünden noch mehr Bomben und alles ist anders, als es gerade noch gewesen ist. Die guten Freunde der bösen Feinde des richtig Falschen verbünden sich mit den Freunden des Guten und den Feinden des Bösen gegen die falschen Richtigen, sodass die guten Freunde der bösen Feinde der falschen Feinde der guten Freunde plötzlich zu richtigen Feinden der genauso falschen Freunde des richtig Guten werden.

Und mitten hinein in diesen ganzen Schlamassel schickte die Bundesregierung Waffen im Wert von 70 Millionen Euro. Das ist zwar falsch, weil es eigentlich keine deutschen Waffenlieferungen in Krisenregionen geben darf, aber weil die Waffen ausschließlich für die richtigen Hände bestimmt sind, wird aus falsch eben richtig. Und ich steh da, habe komplett den Überblick verloren und sehe den richtigen Feind vor lauter falschen Freunden nicht mehr.

Doch dann erscheint sie auf der Bildfläche, die Kühle, Klare aus dem Norden: Ursula von der Leyen. Die hat bei mir lebenslang Hausverbot in der Oberstube.

Ursula von und zu der Leyen, die amtierende Bundesverteidigungsgouvernante mit dem Drei-Krisen-Taft: Morgens Bagdad, mittags Kiew, abends Berlin – die Frisur sitzt. Haben Sie dieses Bild gesehen, wie sie da in der Jeansjacke ihrer Tochter vor der Transall-Maschine posierte? Über ihr der von Wolken zerfurchte Himmel und sie mit dem stahlblauen Amazonen-Blick gen Osten – eindrucksvoller hätte es die olle Leni Riefenstahl auch nicht inszenieren können. The triumph of the will! Zu Deutsch: der Triumph des Billigen.

Und die Frau hat Humor. Neulich ist sie gefragt worden, ob man denn die Fußballweltmeisterschaften in Moskau und Katar nicht heute schon absagen sollte, weil Moskau die Separatisten in der Ukraine und Katar die Gotteskrieger im Irak finanziert. Und was hat die fröhliche Mutter der Kompanie geantwortet?

„Wo auch immer gespielt wird, Deutschland schickt schießendes Personal!"

Hammer! Brüller! Witzichkeit kennt keine Grenzen! Und schon gar keine geschmacklichen! Oder wie es mein hochgeschätzter Kollege Jürgen Becker formulieren würde:

„Kriegsgefahr gut und schön, aber man muss auch mal einen Witz machen können."

Kommt ein jesidischer Flüchtling mit Fleckfieber zu einem Arzt ohne Grenzen. Sagt der Arzt: „Sie haben noch drei Tage zu leben." Fragt der Jeside: „Ja, wovon denn?"

Haha – Humor ist eben, wenn man trotzdem lacht.

Das weiß ja selbst der olivgrüne Friedensexperte Cem Özdemir. Der hat die aktuelle Debatte über Waffenlieferungen in den Irak bereichert mit dem Bonmot, dass die tapferen Kämpfer der Peschmerga den drohenden Völkermord an den Jesiden eben nicht mit Yogamatten unterm Arm verhindert hätten.

Ja, so kennt man sie, die Käßmänner und -frauen, die defätistischen Friedensapostel von der Eierkuchenfront. Machen einen auf Mahatma und stellen sich den Mörderbanden mit der Yogamatte in den Weg.

Es steht ein Soldat im Wüstensand,
hält Wache für sein Vaterland.
Die einzige Waffe, die er hatte,
war eine alte Yogamatte.

Und deshalb wurden Waffen geliefert. Zum Beispiel das G36 von Heckler & Koch oder das MG3 von Rheinmetall. Die geile Knarre schafft 1200 Schuss in der Minute, das heißt, bei einer Trefferquote von nur zehn Prozent schickt die Wumme 120 Gotteskrieger in 60 Sekunden ins Paradies. Nach aktuellen Schätzungen gibt es momentan 18 000 Kämpfer für den islamistischen Idioten-Staat im Irak und in Syrien. Die wären rein theoretisch in zweieinhalb Stunden weggeblasen. Mit einem einzigen MG3.

Ja, des Soldaten Braut, das ist sein Schießgewehr. Und dann noch reichlich Alkohol oder eine Handvoll Aufputschtabletten oder ein paar fette Joints, und schon wird aus dem halbwüchsigen Loser der Globalisierung ein mächtiger Halbgott, ein Herr über Leben und Tod, ein Rambo, der nur noch ein Gesetz kennt, das des Stärkeren.

Wissen Sie, immer wenn ich höre, dass die aus Deutschland exportierten Waffen am Ende nur nicht in die falschen Hände geraten dürfen, dann frage ich mich: „Was sind denn die richtigen?"

Aber nicht, dass Sie denken, ich wolle hier irgendwelche unbequemen Fragen stellen. Niemals. Schließlich leben wir in Deutschland seit über einem Jahr im Land der Glückseligen.

Sie erinnern sich? 22. September 2013? Bundestagswahl. Die Bilder werde ich nie vergessen. Abends bei der CDU im Konrad-Adenauer-Haus, die ersten Hochrechnungen kommen rein, da springt Volker Kauder, der Fraktionsstrippenzieher der CDU, auf die Bühne und lässt die Toten Hosen runter. Furchtbar. Schnappt sich das Mikro und grölt wie ein besoffener Hooligan auf Ecstasy: „An Tagen wie diesen wünscht man sich Unendlichkeit."

Ich denke noch, nein, bitte nicht, vier weitere Jahre reichen, da dreht er sich auch schon zu Angela Merkel und brüllt sie an: „Komm, ich trag dich durch die Leute." Und die mächtigste Frau der Welt steht da, schlackert hilflos mit den Armen und sieht aus wie das kleine, dicke Mädchen, das man auf der Klassenfahrt in der Dorfdisco betrunken gemacht und dann auf die Tanzfläche geschubst hat.

Aber sie ist dann gleich in den Hintergrund getippelt und hat sich hinter ihrem Generalsekretär Hermann Gröhe versteckt, der auch wie ein tollwütiger Hampelmann umherhüpfte, seine Deutschlandfähnchen schwenkte und immer wieder brüllte: „Und kein Ende in Sicht! Und kein Ende in Sicht!" Aber dann hat die Merkel ihm die Fähnchen abgenommen und ihn zusammen mit dem Kauder in die Schmollecke geschickt.

Und genau das lieben die Deutschen so an ihrer Kanzlerin. Diese Selbstbeherrschung auch im Triumph. Diese demütige Zurückhaltung. Dass diese bescheidene Frau selbst dann nichts sagt, wenn sie mal was sagt. Und deshalb soll sie ja schon in Bälde zur Königin von Deutschland gekrönt werden. Ich sehe es schon vor mir. Kaiser-Wilhelm-Gedächtniskirche, bis auf den letzten Platz gefüllt mit den Staats- und Regierungschefs der ganzen Welt, die Orgel spielt „Vom Himmel hoch, da komm ich her", und dann wird sie auf einer schwarzen Sänfte reingetragen, und zwar von Norbert Röttgen, Christian Wulf, Horst Köhler, Karl-Theodor zu Guttenberg, Roland Koch und Heiner Geißler. Und wenn sie dann am Altar angekommen sind, tritt Joachim Gauck ans Mikrofon und liest das von Peter Köhler verfasste Glaubensbekenntnis der merkeltreuen Christen:

Nie mehr die Konjunktur wird dellen!

Wachstum oberdick gewirtschaftsfett!

Gezinsesprall wumm wertesack!

Stabilität zackbumm für immer.

Rauscht Wirtschaft stramm, quillt Zaster bald quollend, wird Leben schotterstark penunzendick und aschenvoll!

Handel bölkt in allen Ecken. Wohlstand wuppt in jede Tasche.

Wo Wachstum wächst, geht Aufschwung steil und dick!

Und bei „steil und dick" rollt Helmut Kohl auf die Bühne, überreicht Angela Merkel Messer und Gabel, und mit den Worten „Habemus Mamam" krönt er höchstpersönlich sein kleines Mädchen zur Königin von Deutschland.

Anschließend ertönt, vorgetragen von ihren Untertanen aus der CDU/CSU-Bundestagsfraktion und begleitet von Ursula von der Leyen an der singenden Säge, die neue Hymne von Merkel-Deutschland: „So nimm denn meine Hände und führ mich bis an mein selig' Ende."

Gleichzeitig schwebt von der Decke eine überdimensionale Merkel-Raute aus Pappmaché über den Thron.

Und in dem Moment, wo es im Lied heißt: „Ich mag allein nicht gehen, nicht einen einzigen Schritt", beendet der Bundespräsident die Zeremonie mit den Sätzen: „Majestät, haltet den Schlauch in die Suppe, die Leute haben Hunger."

Und fortan herrscht in Merkels Deutschland und vor allem in ihrer Bundestagsfraktion ungetrübte Harmonie und nie gekannte Einigkeit.

Alte CDU-Weisheit: Widerspruch – Kieferbruch.

Von wegen, der CDU-Abgeordnete ist nur seinem Gewissen verpflichtet. Da haben einige in der Vergangenheit schon das ABC der Alternativlosigkeit lernen müssen. Wie damals in der Pseudodebatte über die Eurohilfspakete. Friss oder stirb. Da können Sie ja mal den Bosbach fragen, einen der letzten Gewissensbeißer der CDU, der weiß, wohin das führt mit der Verpflichtung und dem Gewissen.

Ein falscher Satz zu viel, und schon kommt ein Schlagmichtot aus dem Kanzleramt und es heißt: „Sag mal vier Körperteile. Hals Maul Arsch Gesicht."

Und deshalb sagt keiner mehr was. Selbst die Experten, Wirtschaftsweisen und Sachverständigen geben keinen Ton mehr von sich. Aber das ist eine ganz andere Geschichte. Und die geht so:

Alles beginnt am 15. Juni 2012

200 führende Wirtschaftsexperten, unter ihnen so renommierte Profilneurotiker wie der Chef des Münchner Ufo-Instituts für außerirdische Prognostik Hans Werner Sinn und der viel zu spät berufene Hausmeister der Bad Driburger School of Multiple Choice Economic Eberhard Hinkel, warnen vor einem totalen Zusammenbruch ihrer Wachstumsprognosen verbunden mit einem freien Fall in die wirtschaftstheoretische Bedeutungslosigkeit und fordern einen sofortigen Ausschluss aller Pro-Euro-Prognostiker aus der Währungsunion. Gleichzeitig erklären sie, sich fortan zum Zwecke der Abgrenzung von diesen verblendeten Pro-Euro-Prognostikern nur noch Antignostiker zu nennen.

Keine zwölf Stunden später veröffentlicht Peter Marktgraf Bofinger von Bofinger zu Bofinger unter dem Titel „Der Schuss in den eigenen Ofen" das „Manifest der 300 Weisen", die in aller Schärfe darauf hinweisen, dass ein solcher Totalausschluss schlussendlich zur Schließung sämtlicher europäischer Vorhersageinstitute führe, was wiederum unabsehbare Folgen für die Prognostik im Allgemeinen und die von ihr abhängigen Prognostiker im Speziellen habe.

Am darauffolgenden Wochenende erscheint im Lokalteil des Süd-Oldenburger Einzelhandelsblatts für Makro-

Ökonomie eine mehrseitige Anzeige unter der Überschrift „So nicht!", in der sich über 400 bis dahin völlig unbekannte Wirtschaftsexperten äußerst besorgt zeigen über den Zustand der Prognostik in der Eurozone.

In den folgenden Tagen wird die bis dahin völlig verödete Leserbriefseite des Süd-Oldenburger Einzelhandelsblatts für Makro-Ökonomie zum Schauplatz eines erbitterten Schlagabtauschs zwischen denen, die sich berufen fühlen, den Ruf der globalen Prognostik zu verteidigen, und denen, die den Vertretern dieser dubiosen Zunft schon immer einen Sandkastenplatz in der Wüste Gobi zur freien Entfaltung reservieren wollten.

Da schreibt zum Beispiel ein Diplom-Hellseher und nach eigenen Angaben mit allen spirituellen Wässerchen gewaschener Spökenkieker namens Elmar Knallkopf, ich zitiere wörtlich: „Alles, was diesseits des Jenseits steht geschrieben jenseits des Diesseits und daher der Rat meinerseits: Maul halten allerseits."

Eine Rentnerin aus einem weitgehend ausgestorbenen Stadtteil von Oldenburg behauptet, sie tippe nun schon seit über 40 Jahren die jeweils aktuellen Zahlen der verschiedenen Wirtschaftsforschungsinstitute und sie schwöre beim Augenlicht ihres verstorbenen Mannes, der als Leuchtturmwärter auch nichts anderes getan habe, als zeitlebens im Nebel zu stochern, sie habe in all den Jahren noch nicht einen Richtigen gehabt.

In dieselbe Kerbe schlägt ein pensionierter Oberstudienrat für Religion und sonstige Grenzwissenschaften, der in seinem Leserbrief allen Diskussionsteilnehmern empfiehlt, erst einmal die eigenen Leisten zu schustern und die Eulen in Athen zu lassen, denn – Zitat: „Man soll nicht höher furzen, als einem der Arsch hängt."

Und als dann noch der evangelische Pfarrer der Zwerggemeinde Dümpelsdorf-West, ein aus Somalia eingewanderter Anhänger der bibeltreuen Christen, die Frage zu stellen wagt: „Worum geht es hier eigentlich?", da brachen alle Dämme. Von „Das geht Sie gar nichts an!" über „Geht's noch?" bis hin zu „Genau darum geht es doch!" lauteten die empörten Kommentare, die sich in Form von Leserbriefen säckeweise in den Redaktionsräumen des Süd-Oldenburger Einzelhandelsblatts für Makro-Ökonomie entleerten.

Und als in dieser ohnehin aufgeheizten Situation der normalerweise nur geringfügig beschäftigte Chefredakteur des Süd-Oldenburger Einzelhandelsblatts für Makro-Ökonomie einen sofortigen Leserbriefannahmestopp verfügte, kam es, wie es kommen musste. Aufgebrachte Leser und Probe-Abonnenten der Söfmö, wie das Süd-Oldenburgische Einzelhandelsblatt für Makro-Ökonomie in Fachkreisen genannt wird, stürmten die Redaktionsräume, verwüsteten die Inneneinrichtung und beschmierten die Wände mit Parolen wie „Freie Presse auf die Fresse!". Die ganz offensichtlich zu allem entschlossene Meute erklärte die Redaktionsräume der Söfmö zur besetzten Zone und forderte in einem Wutleserbrief eine sofortige Rückkehr zur ergebnisoffenen Streitkultur. Andernfalls werde man nicht davor zurückschrecken, die komplette Redaktion der Söfmö an die Wand zu stellen, sie dort stehen zu lassen und fortan eine eigene Zeitung herauszugeben, Titel: Die Südoldenburger Volksstimme.

Und weil man in den allerhöchsten Kreisen der politischen Meinungsführer nichts so sehr fürchtet wie Volkes Stimme, kam es noch am gleichen Tag zu einer Krisensitzung im Kanzleramt. Auf dieser Sitzung wurde beschlossen, einen Schlichter zu bestimmen. Und wer wäre da schlichter als Heiner Geißler, der schon in Stuttgart eindrucksvoll bewiesen hat, dass es nur ein paar schlichter Sprüche bedarf, um den Protest der Wutbürger aufs richtige Gleis zu setzen.

Unterirdisch versteht sich.

Und dieser Heiner Geißler, seit Stuttgart 21 auch Salomon, der runde Tischler, genannt, schaffte es tatsächlich, dass sich die Vertreter der Pro- und Antignostiker zusammenrauften und sie zu einem Gipfeltreffen der Experten zu bewegen. Datiert wurde die Zusammenkunft auf den 23. August, den Welttag der Wettervorhersage.

Am Morgen dieses 23. Augusts, kurz vor Sonnenaufgang, sammelten sich die verfeindeten Heere auf dem Heiligengeistfeld, das so heißt, weil auf ihm zuweilen der Heilige Geist fällt. Hier das Heer der Antignostiker, angeführt von Hans Werner Sinn, da die Truppen der Prognostiker, an deren stumpfer Spitze Peter Marktgraf Bofinger von Bofinger zu Bofinger noch einmal sein Maskottchen, eine selbst gehäkelte Schleiereule, streichelt. Beide Heere bis an die falschen Zähne bewaffnet mit Kaffeesatzbomben, Dreckschleudern und Nebelkerzen für die Scharmützel auf den billigen Nebenschauplätzen. Mit Wünschelruten, Moralkeulen und Blendgranaten für den Kampf Mann gegen Mann im Schlamm nebenan. Und natürlich auf beiden Seiten tonnenweise absolut tödliches Wurfmaterial: Gutachten,

Gegengutachten und Gegen-Gegengutachten, Expertisen, Analysen, Hypothysen.

Stundenlang tobt die Schlacht, in deren Verlauf ein Recke nach dem anderen Reißaus nimmt, bis am Ende nur noch die beiden Heerführer alleine übrig sind. Graf Bofinger zu Bofinger von Bofinger und Hans Werner Sinn. Aber wo ist Sinn? Da steht noch sein hohes Ross. Ganz ohne Reiter. Wo ist er denn bloß hin, der Sinn? Ha, da hockt er schlotternd unter einem Aktenberg, der Hasenfuß, und murmelt panisch die uralte Beschwörungsformel, mit der sich die Antignostiker seit Ewigkeiten aus allen Affären ziehen.

„Eins hin, zwei im Sinn, alles ist drin, Verlust und Gewinn, so wahr ich der schlaue Hans Werner bin."

Und vor ihm steht der tapfere Graf Bofinger von Bofinger zu Bofinger, der Euroritter von der schaurigen Gestalt:

„Beim verfilzten Barte des falschen Propheten! Komm raus, du kahler Troll, dass ich dir die gleißende Glatze poliere."

„Sinn, Sinn, Haare am Kinn, nichts ist hin, alles ist drin, so wahr ich der schlaue Hans Werner bin."

„Was kaust du da für satanisches Zahlenwerk in deinem zahnlosen Maul, du garstiger Öko-Gnom?"

„Minus, plus, plus mal Stuss, minus mal, scheißegal, nichts im Sinn, Haare am Kinn, solang ich der schlaue Hans Werner bin."

Tja und in dem Moment öffnet sich die Erde und die beiden Recken stürzen durchs Bodenlose direkt in die Expertenhölle in einen gewaltigen Bottich randvoll mit Pech und Schwafel.

Und wenn sie nicht in ihrem eigenen Geschwafel ersoffen sind, dann schwafeln sie noch heute und morgen und übermorgen und bis in alle Ewigkeit, amen!

Ja, ich weiß, die meisten von Ihnen können das Thema Euro beziehungsweise Eurokrise einfach nicht mehr hören. Und ich kann Sie durchaus verstehen. Wenn einer vor den rauchenden Trümmern seines von Brandstiftern angezündeten Eigenheims steht, weit und breit keine Feuerwehr in Sicht, und dann kommt ein Nachbar und erzählt was von Rauchmeldern – ja, dem würde man doch als Betroffener auch auf der Stelle das Maul stopfen. Und genau so geht es den Menschen mit der Eurokrise. Wer redet schon gerne übers Eingemachte, wenn das Eingemachte gerade verschimmelt. Also: kein Sterbenswörtchen mehr über den Euro.

Reden wir lieber über – die Renten. Oder können Sie das am Ende auch nicht mehr hören? Dass in Nordrhein-Westfalen im Jahr 2030 mehr als ein Drittel aller Rentnerinnen von 676 Euro im Monat werden leben müssen, weil sie ihr Berufsleben als Niedriglöhner verplempert haben. Oder sie sind zu früh krank geworden. Oder sind behindert. Oder haben ihre Kinder allein erzogen. Oder haben eben sonst irgendeinen Fehler begangen, den sie im Rentenalter ausbaden müssen. Und zwar in ganz kaltem Wasser, weil es in dem Loch, das man ihnen dann als angemessenen Wohnraum zugewiesen hat, überhaupt kein fließend Warmwasser mehr gibt. Außerdem liegt es irgendwo weit draußen vor der Stadt in einem verrotteten Hochhaus ohne Aufzug.

Was wiederum von Vorteil ist, weil sie dann nicht mehr so leicht vor die Tür kommen und dementsprechend weniger Geld ausgeben können.

Aber vielleicht ist das Geld im Jahr 2030 auch gar nichts mehr wert und wir zahlen wieder mit Naturalien. Schwarzbrot, Zigaretten, Duschgel. Und vergessen Sie Gold. Der Goldpreis schmilzt schneller als das Eis in der Antarktis. Ich empfehle Ihnen Diamanten. Oder legen Sie Erdölvorräte an. Oder gehen Sie jetzt noch schnell zum Arzt, simulieren Sie alle Krankheiten, die Ihnen einfallen, und lassen Sie sich die entsprechenden Medikamente verschreiben, um diese dann auf die hohe Kante zu legen. Medikamente sind das Gold von morgen!

Und wo wir gerade dabei sind: Horten Sie Zahnersatz, Brillen und Gehhilfen! Oder schaffen Sie sich jetzt eine zweite Tiefkühltruhe an. Da lagern Sie dann die brauchbaren Organe Ihrer Verwandten, die in den nächsten Jahren versterben. Organe sind heute schon ein Vermögen wert. Jede Feuerbestattung von nicht ausgeweideten Körpern ist eine Vernichtung von Zukunftskapital.

Auf jeden Fall: Treffen Sie Vorsorge. Der Rentenbescheid der Zukunft ist ein Altersarmutszeugnis! Aber keine Panik, wir sprechen, wie gesagt, vom Jahr 2030! Das sind noch 15 Jahre. Wenn das mit dem Klima bis dahin so weitergeht – und das geht so weiter –, dann haben Sie ohnehin das Meer vor der Haustür und Sie sind froh, dass Sie so weit oben wohnen. Und außerdem entstehen haufenweise neue Arbeitsplätze: Bademeister, Schleusenwärter, Wassertaxifahrer. Da können Sie sich dann im Ruhestand in aller Ruhe ein paar Euro dazuverdienen.

Also, wenn Sie gesund bleiben. Sollten Sie allerdings zum Pflegefall werden, dann ist es vorbei mit dem lustigen Rentnerleben. Über 411 000 alte Menschen in Deutschland verfügen inzwischen nicht mehr über die finanziellen Mittel, um sich einen Platz in einem Altenheim oder die häusliche Betreuung leisten zu können. Und deshalb gibt es auch immer mehr Vorschläge, wie man die dadurch anfallenden Kosten für den Staat senken kann.

Zum Beispiel, indem man die Pflegebedürftigen abschiebt nach Osteuropa oder nach Asien, wo sie dann von ortsansässigen Billiglohnkräften fern der Heimat bis an ihr Lebensende mit dem Nötigsten versorgt werden. Ja, super, zwei Fliegen mit einer Klappe, der Staat spart Geld und die Angehörigen haben ein Problem weniger. Die Kosten gesenkt und die Oma in der Slowakei. Und wenn da die Lohnkosten eines Tages steigen sollten, geht es weiter in die Walachei oder die mongolische Steppe. Da kriegen Sie eine gemütliche Seniorenjuchte schon für unter 100 Euro monatlich.

Dä, jetzt sind wir doch wieder beim Euro. Das wollten wir doch vermeiden. Es gibt doch wirklich Wichtigeres als Geld! Zum Beispiel Vertrauen! Die Merkel hat irgendwann mal, als ihr gar nichts mehr einfiel, gesagt: „Die wichtigste Währung Europas ist das Vertrauen." Ich würde sagen, da wird es aber allerhöchste Zeit für eine umfassende und grundsätzliche Währungsreform.

Wem können wir noch vertrauen? Eine Glaubensgemeinschaft nach der anderen leistet den Offenbarungseid und entlässt ihre traumatisierten Mitglieder in den Nebel der Orientierungslosigkeit. Im Vatikan fordert der brave Herr

Franz den Umbau der katholischen Prunk-und-Protz-Kathedrale zur Kirche für Arme, und gleichzeitig kommt raus, dass der Orden seiner angeblich armen Brüder in Düsseldorf mehr als sieben Millionen Euro in hochriskanten Spekulationsgeschäften verblasen hat. Oder dass die frommen Hirten des Erzbistums Köln bei Immobiliengeschäften über einen niederländischen Briefkasten vier Millionen Euro Gewerbesteuer beiseitegeschafft haben. Am Staat vorbei, versteht sich. Unsere tägliche Rendite gib uns heute und verschone uns vor dem Finanzamt. Amen. Wer da noch freiwillig einen Cent Kirchensteuer in dieses finanzielle Schattenreich zahlt, der muss doch mit dem Weihrauchfass gepudert sein.

Aber wo sollen die Heimatlosen dann hin? Wo finden sie Geborgenheit und Schutz? Auf den Straßen, wo die gelben Schutzengel von einst über ihre gefälschten Batteriekabel voll auf die verchromte Schnauze gefallen sind? Im Frauenturm der Alice Schwarzer, wo sich die Hausherrin mitsamt ihren öffentlichen Subventionen vor dem Shitstorm der Hexenverbrenner verschanzt?

Oder am Ende doch in den dahinsiechenden Ortsvereinen der FDP, in denen sich der schwindsüchtige Rest vom liberalen Schützenfest um seinen traurigen Messias schart. Christian Linder, der sich eigens ein paar neue Haare hatte implantieren lassen, an denen er sich und seine Partei aus dem Sumpf der Versenkung ziehen wollte. Und jetzt? Rangiert er auf der Beliebtheitsskala irgendwo zwischen Sepp Blatter und dem Ebola-Erreger. Ach, sie fehlt mir jetzt schon, die FDP. Vor allem die FDP-Witze.

Stehen zwei Männer am Tresen.

Sagt der eine: „Alle FDP-Wähler sind Armleuchter!"

„Wollen Sie mich beleidigen?"

„Wieso? Sind Sie FDP-Wähler?"

„Nein, Armleuchter."

Aber immerhin hat die FDP mehr als 60 Jahre gebraucht, um sich selbst zu versenken. Das haben die Piraten in zwölf Monaten geschafft. Noch vor Kurzem das Flaggschiff der aufbegehrenden Jugend, heute nur noch eine traurige Schaluppe, leckgeschlagen und dem Untergang geweiht. Ach, diese stolzen Piraten. Gluck, gluck, weg sind sie. Die haben sich wohl im Netz verheddert.

Bei denen lief ja alles nur über das Netz. Sie nannten es Liquid Feedback. Das ist so eine Software zur politischen Meinungsfindung in der Liquid Democracy, deren Front-End übrigens in Luna geschrieben ist, das ist so eine Skriptsprache, die sich vor allem auszeichnet durch die geringe Größe des kompilierten Skript-Interpreters, der über eine C-Bibliothek angesprochen wird, die auch ein Application Programming Interface für die Laufzeitumgebung des Interpreters für Aufrufe von C-Programmen beinhaltet. Ich mein, da konnte ja eigentlich nichts schiefgehen.

Abschiedslied für einen, der auszog, das Kentern zu lernen

Seine Mutter sagte, Junge, du warst lang genug hier,
jetzt reicht es mir langsam – da ist die Tür!
Sie stieß ihn hinaus in die feindliche Welt,
und sie hat ihm noch nicht mal ein Taxi bestellt.

Und so nahm er den Bus mit Endstation Hafen,
da hat er die Nacht im Freien geschlafen.
Und er träumte, er wär jetzt ein richtiger Mann,
und er schwor sich: Gleich morgen früh heuerst du an!

Hohe, hohe – jetzt sage ich Mutter ade!
Hohe, hohe, hohe – jetzt geht es hinaus auf die See!

Sein erstes Schiff fuhr mit dem Wind Richtung Norden,
da ist er am ersten Tag seekrank worden.
Das zweite Schiff konntest du völlig vergessen,
da hat er drei Wochen im Ausguck gesessen.

Das dritte Schiff war ein Seelenverkäufer:
der Bootsmann ein Junkie, der Käpt'n ein Säufer.
Sie ham ihn gequält, bis er endlich begriff,
die zwei hatten früher ein Segelschulschiff.

O nee, o nee – mir tun alle Knochen weh,
o weh, o weh, o weh – ich pfeif auf das Leben zur See.

Und dann saß er da wieder am Hafen allein
in 'ner finst'ren Spelunke mit billigem Wein.
Er war ohne Hoffnung und komplett besoffen,
und da hat er einen Piraten getroffen.

Pirat, Pirat – muss nicht hinaus!
Pirat, Pirat – bleibt schön zuhaus!
Pirat, Pirat – ein Mann mit Maus!
Pirat, Pirat – bleibt schön zuhaus!

Nimm mich mit, Pirat, auf die Reise,
auf die Reise in die digitale Welt.
Dreht der Kompass sich auch nur im Kreise,
Wir segeln so, wie's uns gefällt.

Mit einem einzigen Klick
nach Shanghai und zurück.
Es leitet der Strom uns nach Bombay und Baku,
und fällt er mal aus, dann macht das der Akku.

Drum alle, die mit uns auf Kaperfahrt gehen,
müssen Männer mit Akkus sein.
Jan und Hein und Klaas und Pit,
die haben Akkus, die haben Akkus,
Jan und Hein und Klaas und Pit,
die haben Akkus, die dürfen mit.

Ratz-Fatz

Jetzt passen Sie mal auf und hör'n Sie mal gut zu:
Ich sag das jetzt nur einmal, und danach dann ist hier Ruh!
Wir kennen ab sofort weder Rücksicht noch Geduld,
wenn einer auf der Strecke bleibt, dann trifft uns keine
Schuld.

Wir leben hier und jetzt in der Hochgeschwindigkeit.
Für Ihre paar Problemchen, da ham wir keine Zeit.
Was heißt denn hier behindert? Was heißt hier
ausgebrannt?
Von irgendwelchen Sonderregeln ist uns nichts bekannt.

Wir können Ihnen, wenn Sie woll'n, was Wirksames
verschreiben,
Damit Sie auch noch morgen auf den Spitzenplätzen
bleiben.
Da nehm' Sie mehrmals täglich eine Überdosis ein,
da geht das mit dem Vorwärtskommen wie von ganz allein.

Ansonsten gilt die Regel, wer zurückbleibt, der ist weg.
Wer stürzt, fliegt auf die Fresse, wer fällt, der liegt im
Dreck.
Und sprechen Sie jetzt bloß nicht von Solidarität.
Wer anderen zu Hilfe kommt, kommt irgendwann zu spät.

Also schwingen Sie die Hufe und steh'n hier nicht dumm
rum,
hier läuft die Zeit erbarmungslos und Ihre ist gleich rum.
Was Sie hier heute sagen, ist uns völlig einerlei,
denn heute ist schon morgen, ist schon gestern längst vorbei.

Platz da, weg hier, jetzt geben Sie klein bei
und machen hier mal schleunigst die Überholspur frei.
Sie können ja da parken, wo die ganzen Loser steh'n,
die immer nur die anderen von ganz weit hinten seh'n.

Die Luschen, die Flaschen, die Fusselteppichtaschen,
die ihren Schneid für lau verkaufen,
unter „ferner liefen" laufen,
die in den Hecken pennen, in den Flokati flennen,
vor Mitleid mit sich selbst vergehen
und aussortiert im Abseits stehen.

Die andern, auf die Plätze, fertig, los – das nächste Ziel.
Genug ist stets zu wenig, aber mehr ist nie zu viel.
Nur schneller ist auch schnell und nur weiter ist auch weit,
der Treibstoff aller Sieger ist die Unzufriedenheit.

Verbissen und besessen, gespannt und konzentriert,
mit allen ihren Sinnen auf den Vordermann fixiert.
Ein kleiner Tritt von hinten, eventuell auch zwei,
mit welchen Tricks auch immer, die Hauptsache vorbei!

Hier geht es nicht ums Wie, hier geht es nur ums Wann.
Und wer kommt schluss und endlich vor allen andern an?

Doch wenn sie dann als Erster erschöpft ins Ziel gelangen,
hat das übernächste Rennen schon wieder angefangen.

Und sie hecheln und sie hetzen, sie rasen und sie wetzen,
um aufs Neue dann um Längen alle andern abzuhängen.
Unterm Strich ein Siegerleben. Immer mehr als mehr
gegeben.
Keine Rücksicht auf niemand genommen
und doch nicht einen Schritt vorangekommen,
und doch nicht einen einzigen Schritt vorangekommen.

So ist er, der moderne Mensch: erfolgsorientiert bis zur
Selbstaufgabe, flexibel bis an die Schmerzgrenze – und
natürlich mobil!
Der Mensch der Zukunft ist der mobile Mensch! Aber was
macht der mobile Mensch? Nun, bei allem Respekt vor
der übergroßen Energieleistung, die er zur Aufrechterhal-
tung seiner Mobilität aufbringt, macht der mobile Mensch
vor allem eins: Er geht mir zuweilen doch ganz gewaltig
auf die Nerven. Als wäre jede Form von vorübergehendem
Stillstand der Beginn eines todbringenden Fäulnisprozes-
ses, hetzt und hastet der mobile Mensch durch die Welt,
als bekäme er für jeden zurückgelegten Kilometer eine
Mobilitätspauschale.
Er joggt und walkt, er surft und glidet, er skatet und rollert –
kurzum, er ist nonstop on the run, als wäre der Leibhaftige
höchstpersönlich mit der ganz großen Sense hinter ihm
her, um ihn bei der nächsten Verschnaufpause dahinzu-
mähen.

Und deshalb kennt der hypermobile Mensch von heute nur einen Daseinszweck, nämlich in möglichst kurzer Zeit eine möglichst große Wegstrecke möglichst oft zurückzulegen.

Aber weil so eine sinnfreie Vorwärtsbewegung doch auf Dauer ziemlich langweilig ist, muss sich so ein menschgewordenes Perpetuum mobile, während es durch die Rabatten hechelt, permanent beschäftigen. In der einen Hand den Coffee to go, in der anderen den Fitnessteller für unterwegs, surft er mit dem iPhone im Internet oder führt Mobiltelefonate mit der eigenen Mailbox und verschickt SMS mit seinen aktuellen Standortkoordinaten an sich selbst, damit er auch weiß, wo er sich gerade befindet.

Bei mir in der Nachbarschaft gibt es einen cleveren Friseur, der die hektischen Zeichen der mobilen Zeit erkannt hat und seit Neuestem einen „Haircut to go" anbietet. Der Mann macht Ihnen einen windschnittigen Haarschnitt, während Sie unterwegs sind. Denn wie gesagt: Stillstand ist in der mobilen Gesellschaft absolut out. Schließlich heißt es Lebenslauf, und der endet erst auf dem Friedhof. Auf dem Sargmobil sozusagen.

Apropos mobil: In Köln haben sie 2009 ein ganzes Stadtarchiv zum Einsturz gebracht, nur damit eine relativ überschaubare Zahl von Menschen acht Minuten schneller am Hauptbahnhof ist. In den Trümmern des Archivs sind zwei junge Leute jämmerlich verreckt, aber wo gehobelt wird, fallen Späne, oder wie man in Köln sagt: Wo gebohrt wird, gibt es Löcher.

Und in einem davon hat man zwei Menschen begraben. Das war glücklicherweise nicht so teuer! In so einem Fall gibt es in der Regel ein paar tausend Euro Abfindung für die Hinterbliebenen, es sei denn, die Versicherung stellt doch noch fest, dass die Geschädigten selber schuld waren, weil sie sich zum Zeitpunkt des Einsturzes freiwillig vor Ort befunden haben und dadurch eventuell die Gesamtstatik des Bauwerks entscheidend verändert haben, also eine gewisse Mitschuld an ihrem beklagenswerten Schicksal tragen.

Love-Parade-Teilnehmer, Afghanistanveteranen. Contergan-Geschädigte. Missbrauchs-Betroffene. Bis so ein Opfer mal entschädigt ist, laufen viele Anwälte den Gerichtsflur runter. Deshalb sagt man ja auch zu einem, der die Arschkarte gezogen hat: „Du Opfer!"

Aber zurück zur Kölner U-Bahn. Die sollte ursprünglich 550 Millionen kosten, mittlerweile haben sich die Kosten mehr als verdoppelt. Und da geht es, wie gesagt, um acht Minuten. Aber acht Minuten, das ist heutzutage eine halbe Ewigkeit. Es gibt in einer Lagerhalle bei Garching einen Riesencomputer, den „Supermuck", der hat eine Spitzenleistung von drei Petaflopps. Das heißt: pro Sekunde drei Billiarden Rechenschritte. So viele schaffen die Stadtkämmerer aller nordrhein-westfälischen Städte in ihrem ganzen Leben nicht. Und da sind einige Petaflopps dabei.

Die haben sich vor ein paar Jahren diese Swaps andrehen lassen – von den Landesbanken. Swap reimt sich ja auch auf Flop, und genau das waren die Dinger auch. Und jetzt sorgen die fälligen Zinsen dafür, dass die Schulden der betroffenen Kommunen schneller ansteigen, als die Teilchen im CERN durch die Röhre rasen.

CERN, kennen Sie, das ist dieser Teilchenbeschleuniger in der Nähe von Genf. Da flitzen die klitzekleinen Teilchen in einem 27 Kilometer langen Tunnel 11 200-mal in der Sekunde von der Schweiz nach Frankreich und wieder zurück, um dann am Ende in voller Fahrt im Crash zu zerplatzen. Da geht es um den Urknall. Also, nicht um Volker Kauder, sondern um Materie und Antimaterie und wie die beiden beim Urknall aufeinander reagiert haben, beziehungsweise in der Billionstel Sekunde nach dem Urknall.

Das müssen Sie sich so vorstellen: Zwei Menschen – der eine ist aus Materie, der andere aus Antimaterie. Und das Dolle ist: Sie sehen vollkommen gleich aus. Da sieht der normale Mensch keinen Unterschied. Aber wehe, die beiden würden sich irgendwo zufällig treffen. Der aus Materie hockt am Tresen, kommt der aus Antimaterie rein, und zack, ein greller Blitz, und beide sind weg. Das ist natürlich eine Supersache. So eine Ursula von der Leyen aus Antimaterie zum Beispiel. Stellt man die einfach bei einem Manöver auf den Feldherrinnenhügel, kommt die echte von der Leyen dazu, und zack – beide weg. Und zwar in einer Billionstel Sekunde. So schnell kann kein Mensch gucken.

Genau wie auf dem computergesteuerten Finanzmarkt. Da werden im Bruchteil von Sekunden Summen hin und her transferiert, mit denen könnten Sie die Staatshaushalte sämtlicher Eurostaaten für Jahrzehnte sanieren. Aber an das Geld kommen Sie natürlich nicht ran, weil das so schnell ist.

Oder sehen Sie mal: Vor 20 Jahren hat die Nachrichtenagentur DPA 120 Nachrichten am Tag verschickt, heute sind es 750. Also 31 pro Stunde. Das heißt, alle zwei Minuten eine neue Nachricht. Da kann man schon mal den Überblick verlieren.

Merkel immer beliebter

18 Uhr 30: Mann beißt Hund von Frau mit Kindern auf Schiff im Sturm mit Kurs auf Insel im Meer voll Öl aus Leck in Pipeline vor Küste mit Eingeborenen aus Steinzeit im Krieg mit Forschern in Quarantäne wegen Virus von Ratten mit Verwandten ohne Kontakt zu Entführern.
Merkel immer beliebter.

18 Uhr 32: Entführer fordern Lösegeld in Millionenhöhe von Angehörigen in Video auf Sender mit Bildern aus Internet von Piraten in Ländern ohne Polizei mit Befugnis zur Übertragung von Rechten auf Kapitän von deutscher Fregatte in ausländischen Gewässern ohne Mandat zum Eingreifen mit multinationaler Beteiligung.
Merkel immer beliebter.

18 Uhr 34: Alle Beteiligten dringen auf sofortigen Stopp der Verhandlungen über Einsatz von Gewalt gegen Demonstranten in Gebirgen mit Höhlen für Terroristen mit Guthaben auf Konten von Banken in Staaten ohne Gesetze zur Einfrierung von Geld aus Geschäften mit Händlern von Drogen für Jugendliche in Metropolen ohne Zukunft für Illegale in Haushalten von Reichen ohne Krankenversicherung.
Merkel immer beliebter.

18 Uhr 36: Entführer setzen Ultimatum. Sondereinsatz-
kommandos. Elitetruppen. Spezialeinheiten. Nacht. Nebel.
Zugriff. Überfall. 14 Tote – 23 Verletzte.

Keine Deutschen unter den Opfern. Kein Deutscher
verletzt. Kein Deutscher tot. Kein Deutscher vermisst.
Kein Deutscher bedroht. Kein Deutscher ertrunken.
Kein Deutscher erstochen. Gesamtauflage gesunken.
Quote eingebrochen.

Und deshalb unterbrechen wir unser Programm für eine
kurze Werbepause und schalten dann direkt ins Krisengebiet, wo unser Reporter vor Ort bereits die ersten Leichen vor der Kamera hat.

Dieser Brennpunkt wird Ihnen präsentiert von Brat-
maxe.

Erschütternde Bilder, ergreifende Szenen, furchtbare
Eindrücke. Mit bloßen Händen graben die Journalis-
ten aus aller Welt in den Trümmern der Katastrophe,
um immer neue, immer entsetzlichere Einzelheiten der
unfassbaren Tragödie zutage zu fördern. Das sind Bilder, die sind so unglaublich grausam, da möchte man am
liebsten nie wieder wegschauen.

Das Besteck des Kannibalen von Monschau, die blutver-
schmierten Handschellen von Oberschwester Gnadenlos
des Seniorenheims „Zum letzten Frieden" in Datteln,
die Folterinstrumente des Pferdeschänders von Sankt
Augustin.

Aber ich höre, wir haben neue Nachrichten vom Inferno
in Yakamoto, wo in wenigen Sekunden die Erde bebt, die
Deiche brechen und die Lavamassen das Dorf Fukuma
dem Erdboden gleichmachen.

Massengräber, Flüchtlingslager, Monsterwellen,
Wirbelstürme, Hungersnöte, Flammenhöllen,
Sonderschau vom Supergau.
Karamba Karambolage!
Halali Havarie!
Das ist einmalig, das gab es noch nie!
Einschalten, hinschalten, zuschalten!
Und dann bleiben Sie dran, denn garantiert irgendwann
kommt es noch dicker. Es ticken die Ticker.
Und Merkel immer beliebter.
Drogen-Oma – im Rollator war Crack!
U-Bahn-Schläger – Haftbefehl weg!
Experten geschockt. Milliarden verzockt.
Einstieg verpatzt. Aktie floppt, Blase platzt.
Aufschwung kommt, Aufschwung geht.
Familiendrama, Wedel dreht: „Untergang der Party-Pimpel".

Suff und Simpel, Geck und Gimpel,
Pop-Titan in Umlaufbahn.
Kasachstan im Wunderwahn.
Verzweiflungstat im Kaukasus.
Gnadenschuss vor Ladenschluss.

Virus im Kaninchenbau.
Mähdrescher auf Gartenschau.
Bofrost-Mann liebt Schlecker-Frau.
Das nächste Dorf, dieselbe Sau.
Und Merkel immer beliebter.

Wir melden uns, wenn die Gefahr vorüber ist.

Ist das nicht irre, meine Damen und Herren, die Merkel ist die erste deutsche Bundeskanzlerin, die im Volk beliebt ist, weil sie nichts macht. Und je weniger sie macht, desto beliebter wird sie. Ich begreife es nicht!

Und was ich schon gar nicht begreife, ist, dass die Merkel in Berlin von ihren Regierungs- und Parteimitgliedern nur „Mutti" genannt wird. Da passt es natürlich, dass Sigmar Gabriel jetzt Vizekanzler ist. Den nennen sie parteiintern nämlich „Möpsi". Mutti und Möpsi im Pucki-Pucki-Land. Hattu Probleme, muttu mitte Mutti Bubu machen!

Mutti – das ist doch kein Spitzname für eine deutsche Bundeskanzlerin. Das war früher anders: Schmidt Schnauze, Willi Weinbrandt oder Nazi Kiesinger. Das waren Spitznamen, da wusste man, wo man dran war. Stellen Sie sich mal vor, sie hätten den ollen Kohl „Vati" genannt. Zugegeben „Birne" war jetzt auch nicht so respektvoll – aber wahrscheinlich ist es genau das, was die Deutschen in diesen nervösen Zeiten brauchen: Das Gefühl, in dem ganzen Chaos sitzt irgendwo die Mutti, kümmert sich um alles und hält sich ansonsten raus.

Dumm rumpalavern tun die anderen eh genug. Ob Euro oder Energiewende oder Pflegenotstand – sobald ein Thema zum Gegenstand der öffentlichen Diskussion wird, stürzt sich die permanent sprechbereite Meute der Politiker, Kommentatoren und Experten darauf wie die Geier auf das Aas und dann wird gemeint und gegengemeint und bessergemeint, in allen Zeitungen, im Internet und natürlich in Radio und Fernsehen, wo das Thema so lange gekäut und wiedergekäut wird, bis einer fragt: „Worum ging es noch mal?" Ach, ist egal – anderes Thema.

Das ist auch das größte Problem der Talkshows im deutschen Fernsehen. Vor allem im Ersten. ARD – alle reden dauernd. Und wenn es rein gar nichts mehr zu bereden gibt, läuft garantiert irgendein Tier durch die Landschaft. Tiere gehen immer. Eisbär Knut, Problembär Bruno oder Rindvieh Yvonne, eine Kuh auf der Flucht.

Sie erinnern sich bestimmt an dieses Bild, das wochenlang durch alle Medien ging: Wie dieses verschlagene Rindvieh am Waldesrand stand, um kurz danach auf Nimmerwiedersehen zu verschwinden. Das war mal ein Schicksal, das die Menschen so richtig berührte. Da will man doch mehr drüber wissen, über diese gerissene Kuh und ihre Antriebskräfte.

Montags bei Plasberg: „Ene, mene, muh – die Kuh bist du". Am nächsten Tag Maischberger: „La vache qui rit – wer zuletzt lacht, lacht am besten". Mittwochs bei Anne Will: „Was treibt die Kuh durchs Dorf?" Donnerstags bei Illner: „Der Schießbefehl als Ultima Ratio, oder: Wie kommt die Wurst aufs Gnadenbrot?" Dann zwei Tage Pause und am Sonntag – als absoluter Höhepunktsknüller – Yvonne höchstpersönlich bei Günther Jauch. Und zwar mit ihrer langjährigen Stallgefährtin Waltraud und deren Sohn Friesi. Und als Überraschungsgast Prachtochse Ernst aus Bayern, der bei der Jagd nach Yvonne als Lockbulle fingierte.

Grandios! Vier Rindviecher in einer Talkrunde und dann wird die ganze Geschichte noch einmal so richtig durchgekaut. Frage: „Warum Kühe auch nur Menschen sind?" Ich sage Ihnen: Die Einschaltquoten gehen so was von durch die Decke! Wie gesagt: Wenn gar nichts mehr geht, mit Tieren geht immer, im Notfall selbst mit Kühen. Einziges Problem: Man muss die Kuh schlachten, bevor sie vom Eis ist.

Aber für Nachschub ist ja gesorgt. Im Bergischen Land sind gerade zwei Kängurus entflohen. Da reden sie dann nächste Woche drüber. Thema: Gehopst wie gesprungen. Und dann geht der ganze Zirkus wieder von vorne los. Kaum hat die jeweilige Gesprächsleitung die Gäste begrüßt und die erste Frage gestellt, nimmt das Elend seinen Lauf und alle reden gleichzeitig über-, gegen- und durcheinander, nur miteinander reden sie nicht. Und was da Abend für Abend in den TV-Quatschbuden an Unkultur zelebriert wird, das hat sich mittlerweile auf den ganz normalen Alltag übertragen.

Quatsch as quatsch can.

Da stellt sich natürlich die Frage: Diese Situation, in der mindestens zwei Menschen zusammensitzen, -stehen oder -liegen und ein Gespräch führen. Warum machen die das eigentlich? Jetzt werden Sie sagen, na, ist doch klar, weil sie sich etwas zu sagen haben. Eventuell hat jemand etwas ganz Besonderes erlebt und möchte es den anderen mitteilen, oder er stellt den anderen eine Frage, auf die er selber keine Antwort findet, oder aber er hat einfach nur ein größeres Problem, das er sich mal von der Seele reden will. Auf jeden Fall geht es bei einem Gespräch zwischen zwei Menschen immer darum, dass einer redet und sein Gegenüber hört zu. Und wenn der eine ausgeredet hat, ist der andere dran. Man nennt es auch Gesprächskultur. Und um genau die ist es hierzulande doch beängstigend schlecht bestellt.

Machen Sie mal einen Test. Setzen Sie sich morgen Abend in einer Gaststätte Ihrer Wahl in eine gesellige Runde und dann sagen Sie so einen Satz wie: „Ich war gestern Abend im

Kino." Da haben Sie noch gar nicht erzählt, welchen Film Sie gesehen haben, werden Sie auch schon zugeschüttet mit den Kinobesucherzählungen sämtlicher Anwesenden. Motto: Der eigene Film ist immer noch der interessanteste. Besonders bitter wird diese kommunikative Ignoranz, wenn Sie ein echtes Problem haben. Wie zum Beispiel einen akuten Bandscheibenvorfall. Das Schlimmste, was Sie in diesem grässlichen Fall tun können, ist, irgendjemandem davon zu erzählen. Weil, der hatte garantiert vor Jahren mal das gleiche Problem und seine Mutter auch und der Bruder seines Tennispartners sowieso.

Die sind dann erst von Homöopath zu Osteopath, der dann mit Akupunktur und Massage, und das hat alles nichts genützt, aber auf keinen Fall operieren. Auf keinen Fall operieren! Tja, und Sie stehen da, der Höllenschmerz bringt Sie schier um den Verstand und Sie wollen doch nur eins, dass Ihnen einfach mal jemand zuhört.

Für Klaus Huber, Heinrich Pachl und all die anderen

Irgendwann in der Nacht, setze ich mich aufs Rad,
verlasse die laute, die lärmende Stadt.
Fahr hinaus in die Welt, fahre irgendwohin,
wo nur ich ganz allein mit rein gar nichts im Sinn.

Nur ich und das Rad, das im Gras liegt und schweigt.
Genau wie der Stern, der am Himmel sich zeigt.
Das Wolkenmeer wogt – geräuschlos und still,
und die Welt ist genauso, wie ich sie will.

Die Ruhe vollkommen, und ich mittendrin.
Ich lass mich da liegen, vergess, wo ich bin,
und mein Herz, damit es die Ruhe nicht stört,
schlägt nur noch ganz leise, dass man es kaum hört.

Ganz allein mit mir selbst in dem einen Moment,
den man völlig zu Recht einen Glücksmoment nennt.
Über mir überall in den Wipfeln ist Ruh',
und ich höre der Welt beim Stillesein zu.

Kein Geschrei, kein Gebrüll, nicht der leiseste Hauch
und ich denk, warte nur, balde ruhest du auch,
warte nur, balde ruhest du auch.

Und dann plärrt da plötzlich wieder so ein blöder Klingelton,
dann meldet sich schon wieder so ein Vollidiotenphone.
Es rülpst, es kotzt, es furzt – es gackert und es kräht.
Es jodelt und es dudelt und es wiehert und es mäht.
Auch immer wieder gern genommen so ein blöder Schla-
germist,
ich hör dein Handy klingeln und ich sag dir, wer du bist!

Immer mal, immer, wenn ich allein mit mir bin,
dann kommt mir das traurige Bild in den Sinn:
Wir bei dir, aber du bist schon längst nicht mehr da,
und nichts, wirklich nichts, ist, wie es mal war.

Die Musik trägt Trauer,
der Himmel ergraut,
die Erde steht stumm,
nicht ein einziger Laut.
Und die Freunde die Herzen so schwer wie Granit,
und die Engel sie schweigen und ich schweige mit.

Und ich wünsch, du wärst da, doch du bist nirgendwo.
Mein Lieber, ich sag dir, ich vermisse dich so.

Immer stark, immer Kraft, immer Mut immerzu,
deine Stimme verklungen in ewiger Ruh'.
Kein Gedicht, kein Gebet, nur ein eiskalter Hauch,
und ich denk: Warte nur, balde
ruhest du auch.
Und ich denk: Warte nur, balde ruhest du auch.

Bei mir in der Nachbarschaft gibt es einen geistig mittelschwer verwirrten Mann, der ist obdachlos und steht den ganzen Tag mit seinen Habseligkeiten an der Bushaltestelle und telefoniert. Also nicht wirklich. Der tut nur so als ob. Der hat wohl irgendwo so ein altes Handy abgestaubt, und das holt er alle zwei Minuten mit großer Geste aus der Tasche, brabbelt irgendein unverständliches Zeug und steckt es wieder weg. Dabei läuft er die ganze Zeit unheimlich geschäftig hin und her.

Da werden manche Leute richtig sauer, wenn sie den sehen. Wahrscheinlich, weil der Typ ihr Allerheiligstes schändet. Der könnte sich mit der Bibel den Hintern abwischen oder sich mit dem Grundgesetz die Füße sauber machen, nicht der Rede wert. Aber dass der Mann so tut, als würde er permanent angerufen, das macht die Menschen aggressiv. Weil, da warten sie ja alle drauf. Dass sie einer anruft. Und wenn es dann endlich mal klingelt, ist es doch wieder nur der Blödmann von der Telekom mit seinen Sonderangeboten. Und dabei sind doch alle rund um die Uhr für alle erreichbar.

Aber nichts gegen die modernen Westentaschenkommunikationsapparate. Die haben auch ihre Vorteile. Wenn man einfach so nachgucken kann, wie die Hauptstadt von Usbekistan heißt oder in welchem Jahrhundert der FC das letzte Mal deutscher Meister geworden ist oder was der Begriff digitale Demenz eigentlich bedeutet. Oder man will einfach nur wissen, wo man sich gerade befindet oder was auf der Speisekarte steht und nach welchem Kork der Wein schmeckt, an dem man da rumgurgelt. Und vor allem: Man kann das alles auch noch gleich fotografieren.

Ach, das wollte ich Sie schon immer mal fragen: Was machen Sie eigentlich mit all den Bildern? Zum Beispiel mit den Urlaubsbildern. Das müssen doch am Ende der Ferien Tausende, ach, was sage ich, Zehntausende sein, die sich da auf den diversen Giga-Speichern ansammeln. Es gibt Eltern, die robben am Strand den ganzen Tag hinter ihren Sprösslingen her und dokumentieren jede Sekunde der Ferien. Der Papa mit der hundertvierzigtausendmillionenfach verpixelten digitalen Spiegelreflex von der einen und die Mama mit dem Smartphone von der anderen Seite, wobei die Mama den Vorteil hat, dass sie beim Fotografieren auch noch mit der Freundin zuhause telefonieren kann. Oder sie googelt Hospitalismus.

Und das bedauernswerte Kleinkind hockt verstört im Sand, weiß vor lauter „Guck mal zur Mama. Guck mal zum Papa" gar nicht mehr, wo es überhaupt noch hingucken soll, und wünscht sich eigentlich nur, dass die Mama und der Papa endlich diese doofen Apparate weglegen und einfach mit ihm im Sand rumbuddeln.

Früher hatte man maximal zwei bis drei Filme mit im Urlaub, jeder Film hatte 36 Bilder, von denen jedes einzelne nach dem Urlaub für teuer Geld entwickelt wurde. Dadurch bekam so ein Urlaubsfoto natürlich einen gewissen Wert und dementsprechend wurde es dann zuhause sorgfältig mit selbsthaftenden Fotoecken versehen und eingeklebt. In prächtige Fotoalben mit echtem Rindsledereinband, Pergamentpapier zwischen den einzelnen Seiten und handschriftlichen Kommentaren zu jedem einzelnen Bild.

Oder es wurden in mühsamer Kleinarbeit Dias hergestellt, die dann irgendwann auf sogenannten Diaabenden den Freunden und Verwandten präsentiert wurden. Da gab es Knabbergebäck und Käsewürfel, reichlich Kostproben der aus dem Urlaubsland mitgebrachten Spirituosen und die wehrlosen Gäste durften nicht eher nach Hause, bis auch das letzte verwackelte Foto auf der Leinwand verblasst war.

So etwas können Sie heute nicht mehr bringen.

„Hab ihr keine Lust, morgen Abend zu uns zu kommen? Heinz Herbert zeigt unsere Urlaubsbilder."

„Ja, vielen Dank auch, aber da haben wir selber 300 000 von. Außerdem wollen wir morgen auf einen Spontantrip nach Lüdenscheid, da läuft eine Riesensause wegen der Ernennung von Lüdenscheid zur Kulturhauptstadt des Sauerlands. Die wollen ganz Lüdenscheid drei Tage lang fluten, und auf dem Wasser treiben dann 2000 Flöße, und auf jedem stehen 300 von unten beleuchtete Blockflötenbläser, die so lange aus dem letzten Loch pfeifen, bis der Himmel über ihnen komplett verdunkelt wird von unzähligen Heißluftballons, aus denen fluoreszierende Fallschirmspringer springen und so lange die Sauerland-Hymne singen, bis sie in den Fluten ersaufen. Ich sage euch, ein Megaevent. Das müssen wir unbedingt fotografieren."

Tja, meine Damen und Herren, so sieht es aus. Wen interessiert das Schützenfest in Schnarchhausen, die Wahl der Weinkönigin in Ödendorf oder die nationale Vorausscheidung zur Grilleuropameisterschaft in Bad Langeweiler? Das ist doch alles kalter Kaffee.

Was der vergnügungssüchtige Genussmensch von heute will, das sind Events! Megaevents! Hundert Kilometer Fressmeile mit 300 Bands auf 40 Bühnen! Der Rhein und sämtliche Nebenflüsse in Flammen, das ganze Ruhrgebiet ein einziger Leuchtdiodenteppich, der bis ins Weltall funkelt, jede einzelne Krüppelkiefer im Westerwald ein selbstklingender Klangkörper, zu dessen Klängen Tausende Elfen im Unterholz den Schneewalzer tanzen. So etwas hat die Welt noch nicht gesehen. Und wenn sie es schon gesehen hat, dann geht keiner mehr hin.

Also beim nächsten Mal: noch mehr, noch größer und noch lauter. Das fängt schon in frühester Kindheit an. Beim Kindergeburtstag. Das hieß zu meiner Zeit noch Muckefuck und Kuchen, dann Eierlaufen und Topfschlagen und nach dem großen Schokoladenfressen war Schluss mit der Kinderbelustigung. So etwas geht heute gar nicht mehr. Wenn Sie nicht riskieren wollen, dass Ihre Kinder wochenlang kein Wort mehr mit Ihnen sprechen, müssen Sie schon ganz andere Bespaßungsgeschütze auffahren. Jeder Kindergeburtstag ein Kostüm- und Maskenball mit Abenteuerparcour im komplett umgestalteten Garten, Schatzsuche im offenen Gelände und anschließend großes Showprogramm in der extra angemieteten Event-Location.

Früher kam – wenn überhaupt – zwischen Eierlaufen und Topfschlagen die als Zauberin verkleidete Tante Heidemarie, zeigte ein paar uralte Seil- und Kartentricks und zauberte zum krönenden Abschluss ein altes Stoffkarnickel aus dem präparierten Zylinder. Wenn Sie heute mit so einer Nummer auflaufen, fliegen Ihnen schon nach drei Minuten die Tortenstücke um die Ohren, und die Party ist gelaufen.

Es gibt inzwischen schon professionelle Kindergeburtstagsagenturen. Die kommen zu Ihnen nach Hause und verwandeln die ganze Wohnung samt Vorgarten in einen Mini-Freizeitpark mit Vollprogramm. Da wird die kleine Sandra dann morgens von einem Zwergenorchester geweckt und abends mit einem Riesenfeuerwerk ins Bett geschickt. Und nächste Woche geht es zur Party von Serafin aus der Nachbarschaft, dessen Eltern ihr Reihenhaus zu einem Piratenschiff umgebaut haben. Das ganze Leben ein einziges Hecheln von Event zu Megaevent.

Was den Kindergeburtstag angeht, würde ich Ihnen allerdings empfehlen, auszulagern. In eine dieser Giga-Gummizellen, die sie Spielparadies nennen, oder am besten gleich zu Mac Doof, wo die Kinder vom grässlichen Clown Ronald so lange mit gegrilltem Schweinefraß, versalzenen Pommes und überzuckerten Apfel-Plastik-Taschen vollgestopft werden, bis sie nicht mehr Papp sagen. Und wie war der Geburtstag? – Buääh! Hauptsache raus aus den eigenen vier Wänden und niemals im eigenen Garten, es sei denn, der Garten liegt in einer Tiefgarage.

Es gibt hierzulande nämlich eine beträchtliche Anzahl von notorischen Krawallkackern, denen der ganz normale Geräuschpegel von spielenden Kindern derart auf den verkrusteten Zeiger geht, dass sie die Gerichte mit Unterlassungsklagen und Verbotsanträgen überziehen, um ihr angebliches Recht auf absolute Friedhofsruhe einzufordern.

Das sind dann in der Regel genau die nervigen Nachbarn, die gleich nach dem Aufstehen die Radios mit der Popmusik bis zum Anschlag aufdrehen, noch vor dem

Frühstück mit ihren benzinbetriebenen Monster-Aufsitzrasenmähern und Hochdruckvertikutierern knatternd durch die Vorgärten brettern, um anschließend bis an die Zähne bewaffnet mit Riesenschlagbohrmaschine, Pressluftschrauber und Schleiflackfräse jeden Quadratzentimeter der eigenen vier Wände zu renovieren. Gleichzeitig steht die dauerstaubsaugende Mutti in der Küche und wirft alles an, was Lärm macht: Highspeed-Durchlaufschnitzler, vollautomatische Salatschleuder und natürlich den Ultramax-Flexi-Flachrührer mit den Zusatztrommeln für die Atomisierung von Hartgemüse aller Art.

Und weil ihnen der Lärm, den sie selbst produzieren, anscheinend nicht reicht, halten sie sich mindestens noch einen Hund, der allen Anwohnern mit seinem penetranten Gejaule und Gekläffe die letzten Gehörnerven abtötet, wenn er nicht gerade in aller Ruhe mit seinen Exkrementen die umliegenden Bürgersteige und Spielplätze in ein öffentliches Hundeklo verwandelt. Und Herrchen oder Frauchen stehen teilnahmslos daneben: „Ja, so ist brav, Balduin, so ist brav."

Aber wehe, die Kinder aus der Nachbarschaft wagen es, einen Fuß vor die Tür zu setzen und sich dann auch noch durch kindertypische Geräusche wie Lachen, Schreien oder Weinen bemerkbar zu machen. Dann sehen und hören die Herrchen rot und ziehen mit ihren Frauchen vor den Kadi, um dieses terroristische Treiben per Richterspruch zu untersagen. Und dann hören sie wieder Popmusik.

Uuah! – Popmusik, die Geißel des dritten Jahrtausends. Es ist die Hölle. Egal, wo wir uns aufhalten, überall werden wir berieselt mit Popmusik. Im Kaufhaus, in der Kneipe, im Fahrstuhl, ja selbst auf dem allerletzten Autobahnpissoir plärrt irgendeine Schwachmatenmucke, die im schlimmsten Fall noch angereichert wird mit schleimenden Durchsagen Marke: „Willkommen bei Sanifair. Unsere Mitarbeiter tun alles, um Ihnen den Aufenthalt in unseren Räumlichkeiten so angenehm wie möglich zu gestalten."

Ja, und warum zum Teufel schalten sie dann nicht diese dämliche Musik ab? Weil dann plötzlich Stille wäre. Und die scheint der moderne Mensch einfach nicht mehr aushalten zu können. Da entsteht dann plötzlich so eine bedrückende Leere, da verfinstert sich das Gemüt und es kommt schlechte Laune auf. Können wir jemanden für das alles zur Verantwortung ziehen? Und vor allem: Was soll man denn bloß machen, wenn man doch nichts machen kann?

Vorschläge

Werden Sie zum Beispiel Mülltaucher. Allerdings muss ich Sie warnen, denn als Mülltaucher machen Sie sich strafbar, weil Sie ein Verbrechen begehen. Dieses Verbrechen besteht darin, dass der Mülltaucher nach Ladenschluss in die Hinterhöfe der Supermärkte eindringt und da in den Müllcontainern nach weggeworfenen Lebensmitteln sucht, um diese dann heimtückisch zu entwenden und illegal zu verspachteln.

Jetzt könnte man ja durchaus sagen, was soll's? Wenn das Zeug ohnehin auf der Müllkippe oder in der Verbrennungsanlage landet, dann entsteht doch niemandem ein Nachteil, wenn so ein Mülltaucher in den Containern nach Verwertbarem sucht. Ganz im Gegenteil. Er tut sogar ein gutes Werk, rettet er doch unschuldige Lebensmittel vor der unnötigen Vernichtung.

Tja, aber wenn das jeder machen würde. Dann wären die Supermärkte tagsüber menschenleer und nachts versammelten sich die ehemaligen Kunden auf den Parkplätzen und Hinterhöfen, um sich in den Abfällen selbst zu bedienen. Und weil die Supermärkte dann nichts mehr verkaufen würden, müssten sie auch mehr wegschmeißen. Und das ist ja jetzt schon mehr als genug.

20 Millionen Tonnen Nahrungsmittel landen hierzulande jährlich auf dem Müll. Einfach in die Tonne gekloppt. Und

was die Lebensmittelindustriellen im Großen machen, das machen die Verbraucher im Kleinen.

„Ich hätte gerne ein halbes Pfund Aufschnitt."

„Soll ich es einpacken oder gleich wegwerfen?"

Komm, Herr Jesus, sei unser Gast und segne, was in die Mülltonne passt. Und wenn irgendeiner es wagt, sich an diesen Mülltonnen zu vergreifen, dann wird er angeklagt und rechtskräftig verurteilt.

Wie gesagt, als Mülltaucher gehen Sie ein gewisses Risiko ein. Aber immerhin haben Sie ein kleines Zeichen gegen den herrschenden Wahnsinn gesetzt. Und wenn Ihnen das nicht reicht, auf zur nächsten Aktion. Der Einzelne kann doch mehr machen, als er glaubt. Und wenn er das dann noch mit anderen zusammen macht, macht das Machen sogar richtig Spaß!

Besuchen Sie doch einfach mal die Bürgersprechstunden aller Bundestagsabgeordneten Ihres Wahlkreises und lassen Sie sich Ihre Rentenbescheide beglaubigen.

Verteilen Sie vor den Filialen der großen Bankhäuser Flugblätter mit dem Aufdruck: „Der Besuch dieser Bank kann für Ihr Erspartes tödlich sein."

Werden Sie Organspender und beschriften Sie Ihre intakten Organe mit dem siebten Gebot: Du sollst nicht stehlen.

Schalten Sie Ihr Handy aus.

Nehmen Sie den Fuß vom Gas!

Fragen Sie das Hackfleisch, bevor Sie es kaufen, nach seiner Herkunft.

Nennen Sie Ihren Hund Bombe, binden Sie ihn an die Eingangstür eines großen Versicherungskonzerns und befehlen Sie ihm laut und deutlich: Bombe, Platz!

Werfen Sie bei Kollekten in katholischen Gotteshäusern hin und wieder mal ein Kondom in den Klingelbeutel.

Machen Sie gegenüber Meinungsumfragern, Wahlforschern und anderen Gesinnungsschnüfflern gezielt falsche Angaben.

Fahren Sie in einem Einkaufswagen von Aldi, Penny oder Lidl durch die Feinkostabteilung eines beliebigen Premiumkaufhauses und singen Sie dabei lauthals das Lied vom Mops, der in die Küche kam.

Verweigern Sie jede Form von Internetstriptease wie Onlinebanking oder Onlinebooking. Meiden Sie Shoppingmalls. Unterstützen Sie den Einzelhandel.

Seien Sie großzügig.

Bepflanzen Sie sämtliche Brachflächen in Ihrer Nachbarschaft mit Nutzpflanzen wie Spitzkohl, Wirsing oder Marihuana.

Versehen Sie die Hundekothaufen auf Gehwegen und in öffentlichen Grünanlagen mit kleinen Hinweistäfelchen wie: „Hier scheißt das Herrchen noch selbst!"

Organisieren Sie Sitzblockaden vor Baumärkten, Hühnerfarmen und Endlagern.

Transportieren Sie keine Castorbehälter.

Verkaufen Sie keine Waffen in Krisenregionen.

Lernen Sie Türkisch.

Investieren Sie nicht in asoziale Netzwerke.

Lieben Sie Ihren Nächsten wie er sich selbst. Bleiben Sie bei der Wahrheit. Seien Sie zivil, aber ungehorsam!

Verteilen Sie bei Aufenthalten in öffentlichen Räumen Flugzettel mit der Aufschrift: „Das kann doch nicht sein!"

Oder Sie werden ausführlicher:

Das kann doch nicht sein, dass seit dem Amtsantritt von Angela Merkel im Jahr 2005 die Alternativlosigkeit zum einzigen Markenkern der deutschen Politik geworden ist.

Es kann doch nicht sein, dass eine Partei, die zum widerspruchslosen Kanzlerinnen-Wahlverein degeneriert ist, zur stärksten politischen Kraft Deutschlands gewählt wurde.

Es kann doch nicht sein, dass sich auf dem Friedhof der deutschen Sozialdemokratie Karl Liebknecht und August Bebel in ihren Särgen mit Kurt Schumacher und Willy Brandt um die Wette drehen, weil eine unfähige Führung aus Eitelkeit, Egozentrik und Selbstgefälligkeit diese Sozialdemokratie in die Bedeutungslosigkeit taktiert.

Es kann doch nicht sein, dass in Bayern eine fundamentalistische Vereinigung von Lügnern und Betrügern die sofortige Ausweisung von Lügnern und Betrügern fordert.

Es kann doch nicht sein, dass dieses Land bis in alle Ewigkeit von einer großen Zwangskoalition aus Not und Elend regiert wird.

Es kann doch nicht sein, dass der Oppositionsführer Gregor Gysi als ulkiger Kugelblitz in jeder dämlichen Talkshow rumwitzelt.

Es kann doch nicht sein, dass die grünen Rebellen von vorgestern heute als brave Stiefelknechte einen schwarzen Sheriff in den Sattel heben.

Es kann doch nicht sein, dass die FDP sich immer noch nicht aufgelöst hat.

Es kann doch nicht sein, dass eine Vereinigung von frustrierten Nullnummern sich Alternative für Deutschland nennt und aus dem Stand 9,8 Prozent der Stimmen holt.

Es kann doch nicht sein, dass 40 Prozent aller Wahlberechtigten von Parteipolitik derart die Schnauze voll haben, dass sie nicht einmal mehr wählen gehen.

Es kann doch nicht sein, dass deshalb die Bundeskanzlerin in den nächsten zehn Jahren Angela Merkel heißt.

All das kann doch gar nicht sein. Das ist doch Propaganda. Das sind doch heimtückisch gestreute Falschmeldungen mit dem Ziel, Frust und Verdruss zu säen und den Bürgerinnen und Bürgern die Demokratie madig zu machen. Ich denke, da stecken ausländische Kräfte dahinter. Wahrscheinlich die Chinesen. Denen gehören schon die USA und halb Afrika, also die Hälfte, die noch nicht verhungert oder vom Hunger bedroht ist, und jetzt kriegen die den Hals nicht voll und wollen als Nächstes unser schönes Deutschland.

Die haben jahrzehntelang alles kopiert und reproduziert, was Deutschland mit seinen tausend und abertausend tollen Ideen hervorgebracht hat. Heidelberg, Beethoven, Hummelfiguren, das Steiftier, den Volkswagen, den Leopard-Panzer. Den Kölner Dom, das Augsburger Münster, den Rolandsbogen – Ja, gucken Sie da mal drunter: alles Made in China.

Und jetzt wollen die eben nicht nur die Warenbestände, jetzt wollen die den ganzen Laden. Und deshalb streuen die ganz gezielt solche Falschmeldungen wie die, dass es in Deutschland mehr als zehn Millionen Menschen gibt, die von ihrer Arbeit nicht leben können.

Das glaubt doch kein Mensch. Das kann doch gar nicht sein. Dass es in Deutschland auch nach Einführung des Mindestlohns von erbärmlichen 8 Euro 50 immer noch fünf

Millionen Niedriglöhner gibt, also Menschen mit einem Stundenlohn von 7 Euro 18 und deutlich weniger.

Dass von diesen fünf Millionen mehr als die Hälfte eine Tätigkeit ausübt, für die eine abgeschlossene Lehre oder sogar ein Hochschulabschluss nötig ist.

Dass zwischen 2000 und 2010 die Nettolöhne um 1,7 Prozent gefallen sind, die Unternehmens- und Vermögenseinkommen im gleichen Zeitraum aber um 38 Prozent zugenommen haben.

Dass hier bei uns im Land der sozialen Gerechtigkeit und des immerwährenden inneren Friedens die reichsten zehn Prozent der Bevölkerung 61 Prozent des Volksvermögens besitzen.

Dass sieben Millionen Menschen von Hartz IV leben, davon zwei Millionen Kinder und Jugendliche.

Dass ein Staat, der sich Sozialstaat nennt, seine wichtigsten Mitarbeiterinnen und Mitarbeiter, die Kranken- und Altenpfleger, die Erzieher, Sozialarbeiterinnen und Streetworker so erbärmlich bezahlt, dass diese Leute nicht einmal ordentlich in Urlaub fahren können.

Das kann doch alles gar nicht sein.

Wir leben doch nicht in Rumänien oder im 19. Jahrhundert oder im Phantasialand der Schwarzmaler und Dauernörgler. Wir leben in Deutschland, dem Heimatland der Schlaraffe. Hier gibt es alles für alle und jeden. Doppelt und dreifach. Hier wurden im Jahr 2013 alleine 33,3 Milliarden Euro in den Verteidigungshaushalt gepumpt. Und da soll nicht genug Geld da sein, um ein paar Tausend Bürgerkriegsflüchtlingen und ihren Kindern ein sicheres, menschenwürdiges und dauerhaftes Zuhause zu bieten?

Jetzt machen Sie sich mal nicht lächerlich. Das kann doch gar nicht sein. Das sind doch alles Gräuelmärchen. Wie jemand auf die Idee kommen kann, solche völlig unglaubwürdigen Zahlen und so offensichtlich gefälschte Fakten zu veröffentlichen – also, wenn Sie mich fragen: Ich weiß es doch auch nicht.

Werden jetzt im Paradies die letzten Lebensmittel knapp?
Ist die Arktis noch zu retten, oder säuft sie langsam ab?
Werden sich die Schlussverkäufer gegenseitig unterbieten?
Wird der Papst den Vatikan als Asylantenheim vermieten?

Fällt der Himmel eines Tages der Menschheit auf den Kopf?
Schwimmt der allerletzte Fisch bereits im Fertigsuppentopf?
Werden über allen Städten Überwachungsdrohnen schweben?
Wird es überhaupt noch Leben in den Innenstädten geben?

Gibt es irgendeinen Menschen, der sich nicht bestechen lässt?
Gib es irgendwann zum Erntedank ein allerletztes Fest?
Machen die da oben doch nur immer weiter, was sie wollen?
Oder sagen die da unten ihnen, was sie machen sollen?

Läuft die Zeit jetzt langsam ab, oder bleibt sie einfach steh'n,
kann es ohne Orientierung überhaupt nach vorne geh'n?
Ist die Menschheit wirklich so bescheuert, wie sie immer tut?
Oder fehlt den meisten Menschen nur ein kleines bisschen Mut?

Geht das schnell, oder geht das gut?
Fließt da Geld, oder fließt da Blut?
Sagen wir nichts, oder sagen wir Nein?
Und überhaupt: Warum muss das so sein?

Geht das so durch, oder ruft einer: Halt?
Hat das noch Zeit, oder kracht es schon bald?
Wird das die Hölle, oder lässt uns das kalt?
Und was kann man tun, damit es nicht knallt?

Halt oder kalt? – Knallt oder bald?

Oder ist am Ende doch nur das Pfeifen im Wald.
Von einem, der wissen will, wie ihm geschieht,
doch vor lauter Förstern den Wald nicht mehr sieht?

Ja, ich weiß es doch auch nicht – doch egal, was passiert:
Vor nichts und vor niemand wird kapituliert!
Denn wir sind nicht taub, sind nicht blind und nicht stumm
und wir versprechen hochheilig: Wir kümmern uns drum.

KLASSIKER

Immer wieder gern gelesen

Wir sind wir

Ich bin wir, und du bist wir,
und er ist wir, und sie ist wir,
wir vier sind wir! – So ist das hier!
Doch die von da und der von da
sind nicht von hier und nicht wie wir.

Denn ich und du und er und sie,
wir vier sind eben nicht wie die –
und weder die noch der von da
kann sein wie wir, das ist doch klar.

Selbst wenn er irgendwann vergisst,
dass er von ganz woanders ist,
und glaubt, er wäre jetzt von hier
und wär jetzt auch genau wie wir,
dann geht das nich,
denn wir bin ich, und wir bist du,
und er gehört da nicht dazu.
Und so zu sein wie du und ich,
das will er in der Regel nicht.
Und das ist ja auch richtig
und unwahrscheinlich wichtig,
dass jeder weiß, wer er ist,
und niemals vergisst,
dass da da und hier hier
und die die und wir wir.
Weil's stets so war,
dass die von da

und wir halt von hier,
und zwar alle vier.

Ich, du, er und sie,
und wären wir wie die,
dann wär'n wir ja von da,
und daran scheitert's ja.

Wär'n wir von da
und die von hier,
dann wär'n die wir
und wir wär'n die
und wir wüssten nie,
wie es ist, dieses Hiersein,
dieses ganz und gar Wirsein.

Weil nicht sein darf, was nicht sein kann,
drum fangen wir das erst gar nicht an!

Ich bleib ich.
Du bleibst du.
Er bleibt er.
Und sie bleibt sie.
Wir vier bleiben wir,
und die bleiben die,
und so bleibt alles irgendwie
genauso, wie es immer war.

Na, wunderbar!

Wer wann warum

Wer wann warum mit wem verkehrt.
Von wo nach wo wer wie oft fährt.
Wovon wer was und wie viel weiß.
Wer was wo kauft, zu welchem Preis.

Wohin wer wann und wie verreist.
Und wie genau sein Passwort heißt.
Was und wie viel wer wo bestellt.
Wer was bezahlt, mit welchem Geld.

Warum wer wo auf welcher Liste steht.
Zu wem wer wie oft in den Beichtstuhl geht.
An wen wer welche Mails verschickt.
Wie oft sich wer auf welche Seite klickt.

Woran wer wann wie oft erkrankt.
Wer was und wo und wie viel tankt.
Wie hoch wer wo verschuldet ist.
Bis wann wer wo geduldet ist.

Seit wann warum und was wer wählt.
Zu welcher Käuferschicht wer zählt.
Wie lange wer und was wer guckt.
Wie viel wovon wer wie oft schluckt.
Kurzum:

Wer wo mit wem warum und wann –
das geht euch einen Scheißdreck an!

Die Gier

Was ist das für ein Tier, die Gier?
Es frisst an mir,
es frisst in dir,
will mehr und mehr
und frisst uns leer.

Wo kommt das her,
das Tier, und wer
erschuf sie nur,
die Kreatur?

Wo ist das finstre Höllenloch,
aus dem die Teufelsbestie kroch,
die sich allein dadurch vermehrt,
indem sie dich und mich verzehrt?

Und wann fängt dieses Elend an,
dass man genug nicht kriegen kann,
und plötzlich einfach so vergisst,
dass man doch längst gesättigt ist
und weiter frisst und frisst und frisst?
Und trifft dann so, nein, nimmersatt,
auf jemanden, der etwas hat,
was er nicht hat und gar nicht braucht,
dann will er's auch.

Wie? Das soll's schon gewesen sein?
Nein, einer geht bestimmt noch rein!

Und überhaupt – da ist doch wer,
der frisst tatsächlich noch viel mehr.
Und plötzlich sind sie dann zu zweit:
die Gier und ihre Brut, der Neid.

Das bringt mich noch einmal ins Grab,
dass der was hat, das ich nicht hab,
dass der wo ist, wo ich nicht bin,
das will ich auch, da muss ich hin!

Warum denn der? Warum nicht ich?
Was der für sich, will ich für mich!

Der lebt in Saus und lebt in Braus
mit Frau und Hund und Geld und Haus
und hängt den coolen Großkotz raus.
Wahrscheinlich alles auf Kredit,
und unsereiner kommt nicht mit.
Der protzt und prahlt
und strotzt und strahlt.
Wie der schon geht.
Wie der schon steht.
Wie der sich um sich selber dreht.

Und wie der aus dem Auto steigt
und aller Welt den Hintern zeigt.

Blasierte Sau!
Und seine Frau
ist ganz genau

so arrogant
und degoutant!

Und diese Blagen,
die es wagen,
die Nasen so unendlich hoch zu tragen!

Dann hört er aber auf, der Spaß! –
So kommt zu Neid und Gier der Hass.

Und sind die erst einmal zu dritt,
fehlt nur noch ein ganz kleiner Schritt,
bis dass der Mensch komplett verroht
und schlägt den anderen halb tot.

Und wenn ihr fragt:

Wer hat ihn bloß so weit gebracht?
Das hat allein die Gier gemacht!

ANHANG

Ein deutsches Leben

Die 1950er

1954: Problemlose Geburt in Monheim.

Vater: Theo. Rheinländer (Hitdorf) aus ärmeren Verhältnissen. Hitlers letztes Aufgebot. Westfront. Französische Gefangenschaft. Chemielaborant (Bayer). Wenn politisch, dann Sozialdemokrat. Vereinsmensch. Grundsätzlich zufrieden.

Mutter: Helga. Pommerin (Rügenwalde) aus noch ärmeren Verhältnissen, aber immer bei den „feinen Leuten" gearbeitet, wahrscheinlich als rechtlose Dienstmagd. Flüchtling. Hausfrau. Mutter. Ungelernte Verkäuferin. Grundsätzlich unzufrieden.

Schwester: Elke. Jahrgang 1953.

Bis 1960: Wohnhaft in Hitdorf. Vier Personen in zwei Zimmern. Immerhin. Keine besonderen Vorkommnisse. Die eine oder andere Tracht Prügel hat noch keinem geschadet.

Die 1960er

1960: Umzug in Genossenschaftswohnung, aus der die letzte Bewohnerin (Mutter) erst im Jahr 2013 ausziehen wird. Drei Zimmer, Küche, Diele, Bad, Balkon.

Einschulung: Katholische Volksschule Hitdorf (Frau Zimmermann, die mit der Laute. Frau Schultes, die mit dem Dutt. Rektor Schulte, der mit dem Stock).

1963: Erste heilige Kommunion. Aus Kostengründen ein Jahr vorgezogen. Fahrrad, Uhr, Nachbarschaftspralinen.

1963–1969: Messdiener, später Vorbeter in Sankt Stephanus, Hitdorf (Arschloch-Pfarrer Hoppe).

1964: Wechsel aufs neusprachliche Landrat-Lucas-Gymnasium in Opladen (40 Minuten Bus, 30 Minuten Fahrrad). Klassensprecher. Unterstufensprecher. Mittelstufensprecher. Schülerzeitungsredakteur. Die Schule als Heimat.

Diverse Aufenthalte in Kinderlandverschickungsheimen (Bad Driburg, Bad Kreuznach, Sylt). Erste Familienurlaube (Bad Amorbach, Texel).

1965–1969: Fußballverein. D-Jugend, später C-Jugend SC Hitdorf. Völlig talentloser linker Verteidiger. Nur aufgestellt, damit elf Spieler auf dem Platz stehen. Berlinreise (1968 Austausch mit Kickers 1900 Berlin).

Am Ende des Jahrzehnts: Besitz von Kofferradio (Telefunken), Tonbandgerät (Grundig TK 145) und Plattenspieler (Mister Hit) ohne Schallplatten. Erste Einnahmen als Erntehelfer, Nachhilfelehrer, Hilfsarbeiter (Chemie, Pharma).

Die 1970er

1970–1973: Reformierte Oberstufe. Leistungskurse Deutsch (1) und Französisch (4–). Im Fach Deutsch nachhaltige Begegnungen mit moderner Lyrik und (bundes-)deutscher Gegenwartsliteratur. Schulsprecher, Schülerzeitungsredakteur, Schuldruckereibeauftragter. Motto: Jede Minute, die du an der Schule verbringen darfst, musst du nicht zuhause sein.

1973: Abitur ohne Feier. Gleichzeitig Musterungsbescheid: voll tauglich. Kriegsdienstverweigerer (anerkannt im ersten Verfahren). Erster selbstbestimmter Urlaub: zu viert im Käfer, Camping in der damaligen Militärdiktatur

Griechenland. Politisch absolut unkorrekt, aber billig und schön.

1973–1975: Zivildienst im Haus der Jugend in den Kämpen in Leverkusen-Wiesdorf unter Sozialarbeiter und Mentor Axel Volmer. Nachmittags Schulaufgabenhilfe für polnische Spätaussiedlerkinder, abends Teekochen für und Kiffen mit deutschen Jugendlichen. Ansonsten: leichte Hausmeistertätigkeiten.

1974: Gründung der Theatergruppe im Haus der Jugend in Leverkusen-Wiesdorf im Rahmen einer von sechs Personen (Freitagsgruppe) selbstorganisierten kulturellen Bildungsoffensive für Jugendliche (Foto, Siebdruck, Zeitung, Theater, Tanz, Selbsterfahrung).

Ab 1974: Kollektive und sehr erfolgreiche Arbeit an Praxis und Theorie der selbstverwalteten Jugendzentren. Typischer Verlauf:

Erst Aufbau einer selbstorganisierten, äußerst aktiven und kreativen Jugendsubkultur im Jugendzentrum (Vollversammlung, Gruppenarbeit mit eigener Supervision, kulturelle Klein- und Großveranstaltungen).

Dann erste Konflikte mit dem Träger (Stadt, AWO) über Personal- und Finanzhoheit.

Schließlich die Vertreibung aus dem selbstverwalteten Paradies trotz massiven und gut organisierten Widerstands (Demos, Kundgebungen, Plakate, Flugblätter).

Und ganz am Ende dann die juristische Aufarbeitung der ganzen Aktion (Kündigungen, Prozesse wegen Eierwürfen und vermeintlichen Beleidigungen in Leserbriefen/Flugblättern und wieder Demos, Kundgebungen, Plakate, Flugblätter – als hätte man nichts Besseres zu tun gehabt).

Und während des ganzen Schlamassels auch noch die permanenten und nervtötenden Auseinandersetzungen mit den dogmatischen Vollidioten und Unterwanderungsstrategen der diversen K-Gruppen, allen voran der KBW und die Liga gegen den Imperialismus (die trotzkistische GIM konnte man links liegen lassen).

1975: Immatrikulation Universität Köln. Magisterstudium (Germanistik, Geschichte, Theaterwissenschaften). Vereinzelte Besuche von Seminaren zwecks Zwischenprüfung. Danach eingeschriebener und daher krankenversicherter Stempelstudent, der sich rühmen kann, in seinem ganzen Studentenleben nicht eine einzige Vorlesung besucht zu haben. Und die paar Scheine waren auch mehr oder weniger für lau.

1975–1978: Geringfügig bezahlter Nebenamtler für Theatergruppenarbeit im Haus der Jugend in Leverkusen-Wiesdorf.

1975–1979: Immer drei Monate im Jahr (Sommersemesterferien) „Werksstudent" bei Bayer Leverkusen. Schicht. Außergewöhnlich gut bezahlte Scheißarbeit.

1976: Bezug der ersten eigenen Wohnung in Leverkusen-Wiesdorf. Vierter Stock ohne Aufzug. Zwei Zimmer (30 qm) ohne Dusche/Bad, mit Klo auf dem Flur (gemeinsam mit Familie Georges). Kleiner Balkon. Keine Heizung. Monatsmiete: 100 DM. Domizil für die nächsten 15 Jahre.

1977: Erste Treffen von Matsche, Wörks und Hallies. „Seriöse Kleinkunst", hervorgegangen aus der Theatergruppe im Haus der Jugend.

1977–1979: Egal 88 – Rocktheater. Programm: „Die Eintagsfliege". Genauso bombastisch wie erfolglos. 2013 Re-Union anlässlich eines Benefiz zugunsten von wem auch immer.

Bilanz Ende der 70er: Kreativität allein ist auf Dauer keine Lösung.

Es müssen eigene Institutionen geschaffen werden (Kulturverein, Förder- und Trägerverein, Freie Jugendzentren, Grün-Alternative Liste).

Es müssen selbstverwaltete Betriebe gegründet werden (Buchladen, Druckerei, Schreinerei).

Es müssen eigene kulturelle Einrichtungen her (TT Embargo, M7, Flugei-Studios/Übungsräume).

Bemerkung zur Grün-Alternativen Liste: Gegründet im Mai 1979 von Sponti-Gruppen und FDP-/SPD-Renegaten. 5,1 Prozent bei den Kommunalwahlen im gleichen Jahr. Die ersten vier auf der Liste waren fortan im Stadtrat. Schmickler stand glücklicherweise auf Platz 5.

Wichtigste Frage: Was tun gegen den Einfall der staatsterroristischen Holzfäller in die friedliche Sponti-Familie? Wo nehmen wir im deutschen Herbst die Blumen und wo den Sonnenschein her? Und vor allem: Wovon bezahlen wir unsere Miete?

1978–1982: „Matsche, Wörks und Hallies" mit Wolfgang Müller und Michael Meierjohann. Erste überregionale Auftritte und Kleintouren (Gesamteinnahmen der Gruppe im Jahr 1979: 5760 DM. Minus Spesen durch drei macht ca. 1500 DM jährlich pro Nase. Immerhin!).

1979–1983: Mitarbeit im Vereinslokal des Förder- und Trägervereins „TT Embargo" in Leverkusen-Wiesdorf.

Die 1980er

Die materielle Basis: Einnahmen aus einer zuweilen doch recht anstrengenden Tätigkeit als Lkw-Fahrer für die Großwäscherei Eberhardt. Später ergänzt durch Schwarzarbeit für einen befreundeten Plakatkleber (Werbetafeln/Litfaßsäulen).

Anfang der 80er: Erstes Zubrot aus den Gagen für Auftritte, die sich bis zum Ende des Jahrzehnts zu einem veritablen zweiten finanziellen Standbein entwickelten, oder sagen wir besser: Beinchen.

1980–1982: Kollektiver Betrieb eines eigenen kleinen Theaters in Leverkusen Mülheim, „M7", mit wöchentlichen Aufführungen und Free-Jazz-Konzerten (unter anderem Brötzmann, Malfati, Johannsen).

1981: Leverkusener Kurzfilmfestival organisiert von Klaus Huber. Mit Bühnenprogramm, das heißt mit der damals in Leverkusen üblichen Mischung aus Kleinkunst und Free Jazz.

Riesen-(Fluxus-)Aktion in der Leverkusener Fußgängerzone anlässlich des Besuchs von Wolf Vostells Fluxus-Zug in Leverkusen.

1982–1984/1987–1989: „Matsche, Wörks und Pullrich" mit Wolfgang Müller und Klaus Huber. Viel unterwegs, wenig verdient und am Ende sogar ein paarmal im Fernsehen gewesen („Aktuelle Stunde", „Mitternachtsspitzen").

1984–1986: Zusammenarbeit des Fördervereins mit dem türkischen Arbeiterverein Leverkusen, einem Zweckbündnis verschiedener ortsansässiger linker Parteien (Dev-Yol, TKK, PKK). Betrieb einer gemeinsamen Einrichtung und zahlreiche Klein- und Großveranstaltungen mit Musik und Theater zum Thema Integration. Auftritt in Pumphosen als Mitglied einer deutsch-türkischen Tanzgruppe.

1985/86: Organisation/Programmplanung/eigene Auftritte im „Theater Saxi" (heute Theater am Sachsenring).

Ab 1989: Zunehmende Verlagerung des Lebensmittelpunkts von Leverkusen nach Köln.

3 Gestirn Köln Eins, später nur noch 3 Gestirn, mit Heiner Kämmer und Wolfgang Nitschke. Touren quer durch die alte Republik. Alle zwei Jahre ein neues Programm. Wöchentliche Glosse für das WDR-Wirtschaftsmagazin „Markt".

Auftritte in Funk und Fernsehen, darunter ein in jeder Beziehung einmaliger Auftritt in der RTL-Show „Samstag Nacht".

1989 und 1990: Anti-Anti-karnevalistische Prunksitzung als Alternative zur Alternative im Kölner Stollwerk mit Gaby Köster, Rainer Rübhausen, Rich Schwab, Ralf Eggebrecht und anderen. Erkenntnis: Es gibt nur Karneval oder Karneval.

Ende der 80er: Es beginnt die totale Professionalisierung der kühnsten Träume von einst.

Die 1990er

Endgültige Übersiedlung nach Köln (Südstadt) und hauptberufliche und steuerpflichtige Ausübung der Profession Kabarettist.

Seit 1992: „Mitternachtsspitzen".

1997: Mitarbeit beim großen Heinrich-Heine-Spektakel in Düsseldorf (Konzept und Realisation).

Die 2000er

2000: Standesamtliche Trauung mit der Fotografin Ilona Klimek.

Seit 2000: Achtmal im Jahr „Mitternachtsspitzen" mit Jürgen Becker und Uwe Lyko (Smoki).

Seit 2003: Viermal im Jahr „Hart an der Grenze" auf WDR 5 mit Gernot Volz und Gästen.

2004: Erstes Soloprogramm: „Aufhören".

2005: Zweites Soloprogramm: „Danke".

2007: Drittes Soloprogramm: „Zum Dritten". Deutscher Kabarettpreis und Prix Pantheon.

Seit 2007: jeden(!) Montag um 10:50 Uhr auf WDR 2 „Die Montagsfrage".

Seit 2008: unregelmäßige „Schrägstriche" im „Morgenecho" auf WDR 5.

2009: Viertes Soloprogramm: „Es war nicht alles schlecht". Deutscher Kleinkunstpreis.

Die 2010er

2010: Fünftes Soloprogramm: „Weiter". Salzburger Stier.

2012: Sechstes Soloprogramm: „Ich weiß es doch auch nicht".

2013: Ehrenpreis Tegtmeiers Erben.

2015: Siebtes Soloprogramm: „Das Letzte". „Mitternachtsspitzen", „Montagsfragen", „Hart an der Grenze", „Schrägstriche".

28.11.2015: Sechzigster Geburtstag.

Es hört nicht auf …

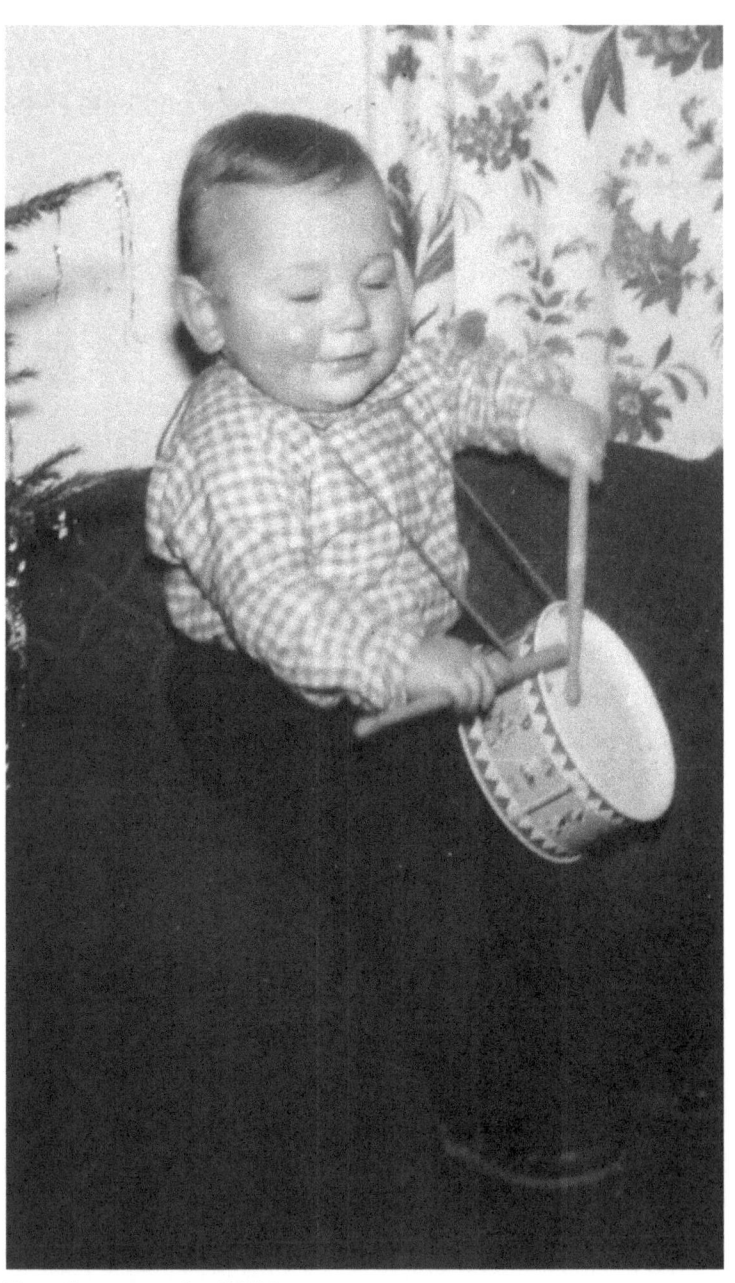

Erste Störgeräusche (1956)

Erste Ausbruchsversuche (1956)

Erster Pustekuchen (1956)

Erste Zwangsausrichtung (1958)

Erste Heilige (1963)

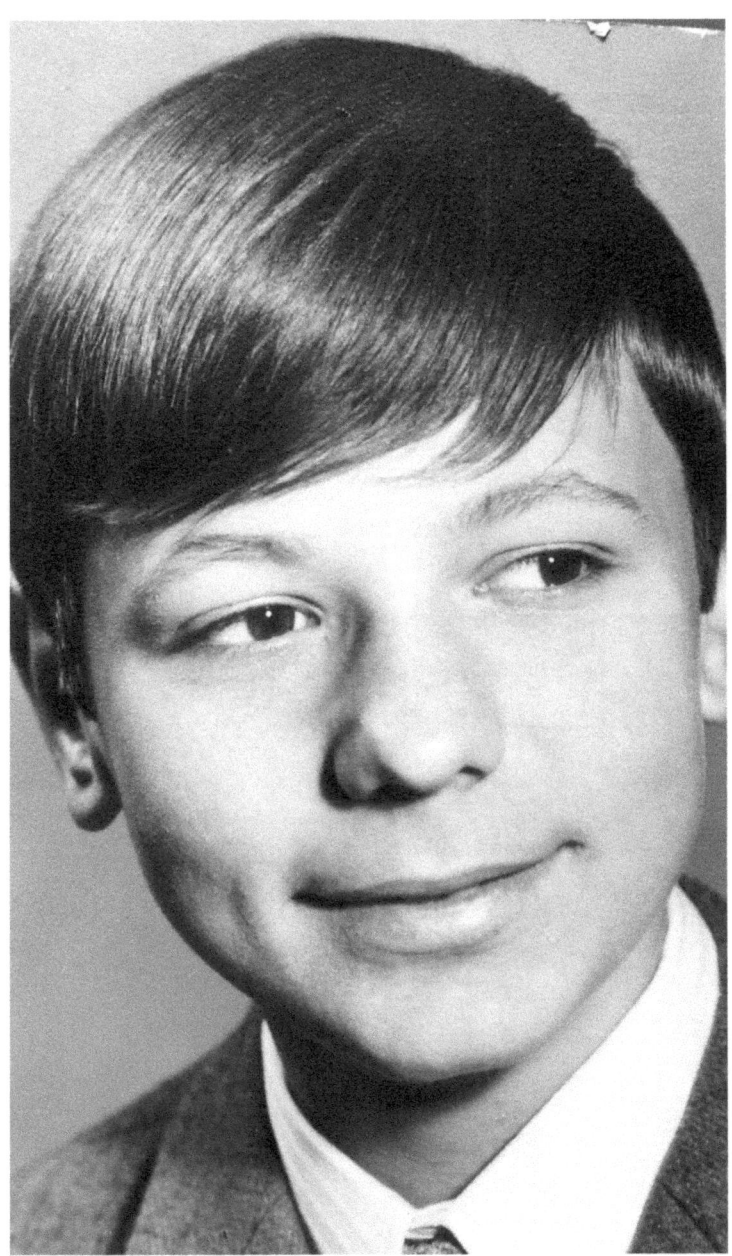

Erste Frisur (1968)

Erste Polizeiverkleidung (1974)

Erste Travestie (1975)

Erstes Straßentheater (1977)

Erste Bezugsgruppe (1980)

Erstes Halbnacktfoto (1984)

Erstes Nacktfoto (1984)

Matsche, Wörks und Pullrich (1982–1989)

Schmickler – Huber – Müller

Matsche, Wörks und Hallies (1978–1982)

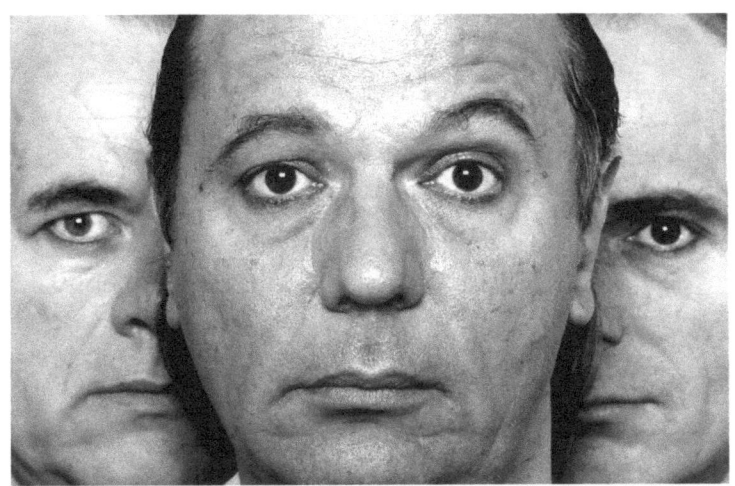

3 Gestirn (1989–2001)

Nitschke – Schmickler – Kämmer

Es hört nicht auf ...

Danksagung

Danke!

© 2015 WortArtisten GmbH, Köln
2. Auflage 2016

Lektorat: Judith Ngo, Astrid Roth
Layout und Satz: Friedemann Weise, inbeige
Umschlaggestaltung: Friedemann Weise, inbeige
Coverfoto: Ilona Klimek
Fotos: Wilfried Schmickler
Druck und Bindung: CPI Books GmbH, Ulm

Printed in Germany
ISBN: 978-3-942454-16-2